Curso d(
para Ext......
VEN 2
Libro de ejercicios

Primera edición: 1991
Segunda edición: 1992
Tercera edición: 1994
Cuarta edición: 1995

Francisca Castro Viudez
Agregada

Fernando Marín Arrese
Catedrático

Reyes Morales Gálvez
Agregada

Soledad Rosa Muñoz
Agregada

Diseño gráfico:
TD-GUACH
Ilustraciones:
TD-GUACH
Maquetación:
TD-GUACH
Foto portada:
J. R. Brotons
Fotomecánica y fotocomposición:
ART/KARMAT

I.S.B.N.: 84-7711-049-2
Depósito legal: M-6084-1995
Impreso en España.
Rogar, S.A.
C/ León, 44. Pol. Ind. Cobo Calleja
FUENLABRADA (Madrid)

GRUPO DIDASCALIA, S.A.
Plaza Ciudad de Salta, 3 - 28043 MADRID - (ESPAÑA)
TEL.: (1) 416 55 11 - FAX: (1) 416 54 11

ÍNDICE

unidad 1

1. Relaciona las preguntas con las respuestas:

1. ¿Haces algún deporte?
2. ¿Estás casado?
3. ¿Por qué estudias español?
4. ¿A qué te dedicas?
5. ¿Hablas otros idiomas aparte del español?
6. ¿Has vivido siempre en la misma ciudad?

A. Soy médico.
B. Es un idioma muy bonito.
C. Bueno, entiendo un poco de francés.
D. No, estoy soltero.
E. Sí, juego al baloncesto los fines de semana.
F. No, yo nací en Buenos Aires, pero ahora vivo en Córdoba.

2. Escribe sobre los gustos de los siguientes personajes:

	Salir de noche	Jugar al fútbol	Viajar	Oír música	Ir al cine	Levantarse tarde
Carlos	X	+	X	++	X	+
Rafael	+	X	++	+	+	+
Pilar	X	X	+	+	X	X
José	++	+	X	X	X	+

+ + = le gusta mucho, le encanta
+ = Le gusta bastante
X = no le gusta nada

Ejemplo: *A Carlos no le gusta nada salir de noche.*
           Le gusta bastante jugar al fútbol.

3. Sigue el modelo:

Yo/vivir/ en Salamanca/ 2 años.

Llevo viviendo en Salamanca 2 años.

1. Juan/ viajar/ por Europa/ 1 mes
2. Mi padre/ trabajar/ en esta empresa/ 15 años
3. Joaquín/ salir/ con María/ varios meses

4. Yo/ esperar/ a ti/ media hora

5. Nosotros/ llamar/ a Ana/ toda la tarde

6. Antonio y Juanjo/ vivir/ en esta casa/ 15 días

4. Completa esta carta.

Sevilla, 2 de Febrero de 1991

Querido Pierre:

¿Cómo estás? Yo (1)........., aunque muy cansado, porque estoy de exámenes.

Bueno, voy a (2)..........un poco de mí. (3)..........Ignacio, (4)..........español, y (5)..........dieciocho años. (6)..........con mis padres en una (7)..........muy grande a las afueras de Sevilla.

(8)..........mucho los deportes. Me (9)..........nadar y jugar al ping-pong, pero (10)..........nada esquiar, es muy peligroso. Una vez tuve un (11)..........esquiando.

(12)..........en Utrera, un pueblo cerca de Sevilla y cuando (13)..........ocho o nueve años, mi familia y yo nos(14)..........a Sevilla.

Me (15)..........mucho los idiomas. ¿Y a ti? Llevo (16)..........francés cuatro años.

Te mando una foto mía y de mi familia.

Escríbeme pronto y cuéntame algo más de ti.

Muchos recuerdos.

5. Contesta según el modelo:

1. Él/ Inglaterra
   — Creo que él es de Inglaterra.
   — Sí, es inglés

2. Ella/ Francia

3. Ellos/ Colombia

4. El/ Italia

5. Ella/ Alemania

6. Ellas/ España

7. El/ Grecia

8. Ellos/ El Salvador

9. El/ Perú

10. Ellas/ Norteamérica

¿Cuántos países más puedes añadir con su adjetivo correspondiente?

6. ¿Te acuerdas de cómo se saluda? ¿Qué crees que están diciendo estas personas?

A

Fernando y Moncho son buenos amigos. Hace tiempo que no se ven.

Fernando : _____

Moncho : _____

B

El señor Hermida y la señora Castro están en una reunión. Se acaban de conocer.

Señor Hermida : _____

Sra. Castro : _____

7. Escribe una redacción hablando de ti. Incluye lugar de nacimiento, profesión, lugar de residencia, gustos, etc.

8. Pon el verbo en la forma adecuada (Pretérito Perfecto o Indefinido)

1. A. ¿Conoces Barcelona?
   B. No, (NO ESTAR) _____ nunca allí. ¿Y tú?
   A. Bueno, (PASAR) _____ unos días con unos familiares, pero hace tanto tiempo, que casi no me acuerdo de nada.

2. C. ¿Cuánto tiempo llevas tocando el violín?
   D. (EMPEZAR) _____ a los ocho o nueve años, pero a los catorce (DEJARLO)_____-_____, y hace poco (VOLVER A EMPEZAR) _____.

3. E. ¿Tus padres son de aquí?
   F. Mi madre, sí. Mi padre (NACER) _____en Melilla, pero de muy pequeño (VENIRSE) _____ a vivir a Málaga. En realidad, (VIVIR) _____ aquí toda su vida.

4. G. ¿_____ (PROBAR) alguna vez los tacos mexicanos?
   H. Si, (COMERLOS) _____ hace años en casa de unos amigos de Guanajuato.

as aprendido a...

A
expresar gustos y aficiones

B
preguntar duración/continuidad

unidad 2

1. Completa con "ser, estar y tener".

1. Mi primo Víctor (1) _____ los ojos verdes y (2) _____ muy simpático.

2. Su jefa (3) _____ muy mal carácter; yo creo que (4) _____ problemas.

3. ¿Qué te pasa? ¿(5) _____ enfadada?

   No, es que (6) _____ harta de mi trabajo.

   (7) _____ razón. (8) _____ un trabajo muy aburrido.

4. Nunca (9) _____ de acuerdo con mis padres, ellos siempre creen que (10) _____ razón.

5. ¿Te gustan los cuadros que he comprado?

   Sí, (11) _____ muy bonitos, y (12) _____ un colorido precioso.

2. Escucha y di lo contrario de lo que oyes, según el modelo:

> — ¡Mi novio está gordo!
> — *¡Qué va! Está delgado*

1. Joaquín es bastante inteligente.
2. La recepcionista es amable.
3. Aquella modelo es baja.
4. No hace falta ir tan rápido. Es pronto.
5. El padrino es muy generoso.
6. ¡Uf! La tienda está abierta.

3. Escribe los femeninos de estos adjetivos según el modelo:

> *Juan es moreno.*
> *Sí, Luisa es morena también.*

1. Él es inteligente. (Ella).
2. Mi padre es optimista. (Mi madre).
3. El niño es cariñoso. (La niña).
4. Los pantalones son azules. (Las faldas).
5. Andrés es cariñoso. (Carmen).

4. Completa:

1. ¿Qué te parecen Luis y Ana?

   Pues mira, Luis siempre piensa que todo va a ir bien, es bastante_____, pero Ana, en cambio, nunca habla ni se ríe, me parece bastante _____.

   A mí Ana sí me cae bien, quiere mucho a mis niños, me llama cuando estoy enferma, es muy _____.

2. ¿Por qué te has enfadado con Lola?

   Es que siempre me pregunta por el dinero que gasto. Es una _____.

3. Esta niña no saluda a nadie, coge la carne con las manos es una _____ .

4. ¿Qué le pasa a tu amigo, está enfadado?

   No, no, lo que pasa es que no le gusta hablar de sus cosas, es muy _____.

5. Di con cuáles de estas afirmaciones no estás de acuerdo. Elige dos y escribe unas tres líneas sobre cada una de ellas.

a) Todos los jóvenes deberían ir a la universidad.

b) «El dinero no hace la felicidad.»

c) La forma ideal de transporte en la ciudad es el metro.

d) Beber un vaso de vino al día no hace mal a nadie.

e) Las escuelas públicas son mejores que las privadas.

f) Para estar bien informado tenemos que leer dos o tres periódicos diferentes.

6. Describe a las siguiente personas.

Ejemplo: *Rosario es alta, atractiva y guapa. Parece simpática y amable. Me cae bien.*

Rosario	Pablo	Diego	Carlota	Violeta

h as aprendido a...

A
manifestar estados
de ánimo

B
preguntar y dar
opiniones

unidad 3

1. Contesta según el modelo:

1. — Fuma mucho.
   — *Sí, tengo que fumar menos.*
2. — Has suspendido el examen, ¿verdad?
   — *Sí, _____.*
3. — El salón está muy sucio.
   — *Sí, _____.*
4. — Su coche está muy viejo ya.
   — Sí, _____.
5. — Comes muy poco.
   — Sí, _____.
6. — No nos queda mucho dinero en casa.
   — Sí, _____.
7. — Llevas el pelo muy largo.
   — Sí, _____.

2. ¿Qué crees que le está diciendo este padre a su hijo?
Utiliza los verbos de la caja.

_____, dormilón, son las 8.   _____, vas a llegar tarde al colegio.
_____ con tu hermano.   Llevas dos horas viendo la tele, _____.
_____ antes de cenar.   _____, es tarde.

> irse a la cama, no pelearse, apagar(la), levantarse,
> darse prisa, lavarse las manos

3. Contesta según el modelo, utilizando los verbos que aparecen entre paréntesis:
¿Qué quiere Vd. que haga con estos paquetes?
(TRAER) *Tráigalos.*

1. ¿Qué quieres que haga con las cartas?
   (ECHAR al correo) _____.
2. ¿Qué quiere Vd. que haga con su coche?
   (LAVAR) _____.
3. ¿Qué quieres que haga con estas botellas?
   (TIRAR a la basura) _____.
4. ¿Qué quieres que haga con las cebollas?
   (PARTIR en trocitos) _____.

5. ¿Qué quiere Vd. que haga con la lavadora?
   (VENDER) _____.

6. ¿Qué quiere Vd. que hagamos con las sillas?
   (PONER en el salón) _____.

7. ¿Qué quieres que hagamos con tu dinero?
   (REPARTIR entre los pobres) _____.

4. Pon estas frases en forma negativa y repite después de la cinta.

Ejemplo: Compra pan. *No compres pan.*

1. Abre la puerta.
2. Haz los deberes.
3. Trae eso aquí.
4. Ven a casa.
5. Cierra la ventana.
6. Lleva este paquete.
7. Paga con tarjeta de crédito.

5. Contesta según el modelo:

1. — ¿Voy a la compra?
   — *No, no hace falta que vayas* (ir).

2. — No me da tiempo de acabar.
   — Bueno, no _____ (terminar).

3. — ¿Llevo una arepa a la fiesta?
   — No, no _____ (traer) nada.

4. — Es tarde, ¿verdad?
   — Sí, pero no _____ (correr) tanto.

5. — ¿Crees que habrá suficiente comida para los invitados?
   — Claro que sí, no _____ (preparar) tantas cosas.

as aprendido a...

A
expresar obligación
personal

B
dar y recibir órdenes

unidad 4

1. Completa con las preposiciones adecuadas:

1. Me gustaría asistir _____ la representación de la última ópera _____ Montserrat Caballé.

2. — ¿Iréis _____ coche o _____ tren?
   — Para ir _____ Vigo, hay que salir _____ la N. V y pasamos _____ Orense.

3. Voy a llamar _____ Juan _____ su casa.

4. _____ Barcelona _____ Port-Bou se tarda unas dos horas y media en coche.

5. — Por favor, ¿está lejos el aeropuerto?
   — No mucho, estará _____ unos 15 kms. de aquí.

6. No sé, pasaremos dos o tres días _____ Portugal.

2. Pon el verbo que hay entre paréntesis en la forma más adecuada **del pasado**:

1. — ¿Dónde (APRENDER, tú) _____ a conducir?
   — En una autoescuela que (HABER) _____ cerca de mi casa, pero el año pasado la (CERRAR, ellos) _____.

2. Ayer, cuando (VENIR, yo) _____ al trabajo, el metro (ESTROPEARSE) _____ y (LLEGAR, yo) tarde. Por eso, hoy (TENER , yo) _____ que quedarme una hora más.

3. — ¿Qué (HACER, tú) _____ el sábado pasado?
   — (ESTAR, yo) _____ en el cine con mi novio y después (IR, nosotros) _____ a bailar.
   — ¿Por qué no (LLAMARME, tú) _____?
   — Lo (HACER) _____, pero no (HABER) _____ nadie en tu casa.

3. Sigue el modelo.

A. La oficina/boca de metro/cuarto de hora
   La oficina estará a un cuarto de hora de la boca de metro.

B. Murcia / Albacete / 150 kms.
C. La peluquería / mi casa / 5 minutos.
D. El barrio gótico de Barcelona / hotel / 500 metros.
E. Parada de taxis / mi casa / 10 minutos.
F. El centro / el aeropuerto / 15 kms.
G. Mi casa / la escuela / media hora.
H. La playa / el restaurante / 50 metros.

4. Escucha la cinta y completa los diálogos.

Diálogo 1:

A. Oiga, _____ ¿Sabe si hay una _____ por aquí cerca?

B. Bueno, no _____ Creo que sí.

A. ¿No es usted _____?

B. Sí, vamos a ver, siga _____ y al _____ de la _____ tuerza a la _____. No tiene pérdida. Está enfrente de la _____.

A. Vale, _____.

B. _____.

Diálogo 2:

A. _____ ¿Cómo _____ a la estación de _____?

B. Pues _____. No _____ ¿Por qué no _____ a ese _____?

A. Bueno, _____.

5. Escribe todos los nombres de tiendas y establecimientos que recuerdes.

6. Di en qué tiendas se pueden comprar las siguientes cosas:

Ejemplo: tabaco ———— estanco

a) ropa
b) colonia
c) aspirinas

d) cerveza
e) pescado
f) sellos

g) pan
h) verdura
i) detergente

j) postales
k) crema de manos

A
expresar posibilidad/hipótesis

B
formular sugerencias

unidad 5

1. Pon estas frases en estilo indirecto:

Ejemplo: — Nos hemos comprado un piso.

María y José Luis me dijeron que se habían comprado un piso.

1. — Si apruebo este examen, os invitaré a cenar.
   — Silvia dijo _____.

2. — Me voy a descansar unos días al campo.
   — Alberto me dijo _____.

3. — Ayer pasé un día horroroso; todo me salió mal.
   — Lola dijo _____.

4. — Conozco muy bien Tarragona, porque he vivido mucho tiempo allí.
   — Mi primo dijo _____.

5. — Iré contigo si me prometes portarte bien.
   — El padre le dijo al niño _____.

6. — Soy muy vaga; no me gusta nada hacer deporte.
   — Mi vecina me dijo _____.

2. Escucha y contesta, según los modelos.

a) (Tu número de teléfono es el 544 78 65)

   — Oiga, ¿es el 544 77 65?
   — *No, se ha equivocado. Éste es el 544 78 65.*

b) (Tu número de teléfono es 834 25 69)

   — Oiga, ¿es el 834 25 69?
   — *Sí, dígame.*

   1. (Tu número de teléfono es el 446 61 81)
   2. (Tu número de teléfono es el 245 89 61)
   3. (Tu número de teléfono es el 791 34 15)
   4. (Tu número de teléfono es el 300 18 56)
   5. (Tu número de teléfono es el 63 49 08)
   6. (Tu número de teléfono es el 261 55 80)

3. Carmen fue ayer a una entrevista de trabajo y le hicieron estas preguntas:

Ejemplo: ¿Cómo se llama? *Le preguntaron que cómo se llamaba.*

1. ¿De dónde es?
2. ¿Qué estudios tiene?
3. ¿Tiene experiencia en este trabajo?
4. ¿Sabe conducir?
5. ¿Cuántos idiomas habla?
6. ¿Puede trabajar algún fin de semana?

4. Completa las frases con el vocabulario del cuadro. Pon los verbos en el tiempo adecuado.

1. — ¿Te has enterado de que ha habido un tornado en el Caribe?
   — Sí, lo he leído en el periódico. Creo que han muerto muchas personas.

2. — ¿Sabes si _____ al señor Vargas?
   — No, creo que no tenía demasiados votos.

3. — ¡Viva el Valencia Club de Fútbol!
   — ¿Qué pasa?
   — ¿No lo sabes? ¡_____!

4. — ¿Sabes que a mi cuñado _____?
   — ¡No me digas! Y, ¿qué van a hacer con el dinero?

5. — ¿Sabes que Pablo _____?
   — No, no lo sabía. ¡Qué pena! Bueno, la verdad es que no había estudiado mucho.

6. — ¿Por qué no ha venido el señor Ramírez?
   — ¿No te has enterado? Es que _____ Creo que está bastante grave.

7. — ¿Sabes que mi mujer _____?
   — No lo sabía. ¡Enhorabuena! ¿Cómo se encuentran ella y el pequeño?

> salir elegido presidente, tener un accidente, tocarle la lotería,
> haber un tornado, tener un niño, ganar nuestro equipo,
> suspender el examen

5. Pon en estilo indirecto estas declaraciones que la actriz española Victoria Abril hizo sobre sí misma a la revista «ELLE», junio 1990.

«La juventud no ha sido nada divertida para mí. He empezado tarde a pasarlo bien.»

Victoria Abril dijo que la juventud no había sido nada divertida para ella y que había empezado tarde a pasarlo bien.

1. —«Yo no voy contando mi vida personal, cuento la profesional».

2. —«Me da muchísimo pudor expresar verbalmente mis sentimientos».

3. —«Necesito admirar a la persona con la que vivo».

4. —«… Enamorarse estabiliza mucho».

5. —«Yo fui a París porque conocí lo único que merece la pena de todo (se refiere a Gérard, su compañero) lo que he visto».

h as aprendido a....

A
relatar lo que han dicho
otras personas

B
dar una noticia

unidad 6

1. Ante las situaciones siguientes, expresa una hipótesis, en Futuro Simple o Compuesto.

—María no ha venido hoy a trabajar
—*Estará enferma.*

1. —Manolo no contesta
   —_____.

2. —Este niño está muy caliente
   —_____, ponle el termómetro.

3. —Es muy tarde y Antonio no ha llegado.
   —Le _____.

4. —Alejandro no me ha invitado a su cumpleaños.
   —_____.

5. —La mujer de Antonio es muy joven.
   —Sí, _____.

6. —Me he comprado un BMW.
   —Te _____.

Usa estas expresiones:

ESTAR ENFADADO

NO ESTAR EN CASA

TENER FIEBRE

PASAR ALGO

TENER UNOS 20 AÑOS

COSTAR MUY CARO

2. Aconseja a tu compañero. Utiliza «es necesario que», «es conveniente que», «es indispensable».

Me encuentro muy mal.
(IR AL MÉDICO)
Es necesario que vayas al médico.

1. He engordado mucho últimamente.
   (HACER EJERCICIO)

   _____.

2. Estoy resfriado.
   (QUEDARSE EN CAMA DOS DÍAS)

   _____.

3. Me he quedado sin trabajo.
   (BUSCAR OTRO)

   _____.

4. Me duelen mucho las muelas.
   (IR AL DENTISTA)

   _____.

5. Me ha sentado mal la cena.
   (NO COMER NADA DURANTE TODO EL DÍA)

   _____.

3. Te encuentras en estas situaciones. Expresa deseo.

Pedro ha tenido un accidente.
¡Ojalá no sea nada grave !

1. El jueves tienes una entrevista de trabajo y tienes gripe.
(ENCONTRARSE BIEN)

   _____.

2. Tu marido trae a comer hoy a unos compañeros.
(SALIR BIEN LA COMIDA)

   _____.

3. Venden un piso que te interesa, pero es muy caro.
(DAR UN CRÉDITO EL BANCO)

   _____.

4. La semana que viene tienes un «puente».
(HABER BILLETES PARA PARÍS)

   _____.

4. Alfonso está en el hospital, recién operado, y su amigo Carlos va a visitarlo. Escucha la cinta y contesta:

	V	F
1. Se encuentra mejor.		
2. Tiene buena cara.		
3. Le duele la herida.		
4. No puede tomar calmantes.		
5. Se va a casa al día siguiente.		
6. Su amigo le lleva una caja de bombones.		
7. Le gustan las novelas de amor.		

5. Sigue el modelo.

El lunes tengo un examen. / Salir bien.
Ojalá me salga bien.

1. No tengo trabajo. / Encontrar pronto.
2. Hace mucho frío. / Mejorar el tiempo.
3. Anoche dormí muy mal. / Dormir mejor hoy.
4. Hoy me dan los análisis./ No tener que operarme.

6. Sigue el modelo.

No estudias nada. / Estudiar más.
Es necesario que estudies más.

1. Estás muy delgado. / Comer mucho.
2. Fumas demasiado. / Fumar menos.
3. Te acuestas muy tarde. / Acostarte más temprano.
4. No haces ejercicio./ Hacer gimnasia.

h as aprendido a....

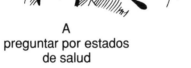

A
preguntar por estados
de salud

B
formular deseos

unidad 7

1. Une las frases con CUANDO y pon los verbos en la forma adecuada.

Terminaré el curso. Me iré de viaje.
Cuando termine el curso, me iré de viaje.

1. Estuve en Toledo. Vi el «Entierro del Conde de Orgaz».

   _____

2. Tendremos los billetes. Buscaremos alojamiento.

   _____

3. Normalmente, terminamos de cenar. Salimos a dar un paseo.

   _____

4. Volveré del viaje y enseñaré las fotos a sus amigos.

   _____

5. Me haré una foto. Sacaré el pasaporte.

   _____

6. Voy de viaje. Me gusta verlo todo.

   _____

2. Sigue el modelo.

No veo a mis padres desde hace meses.
Espero que vengan pronto.　　　　　　(VENIR PRONTO).

1. Buenos Aires es una hermosa ciudad.

   _____　(GUSTAR A VDS.).

2. El hotel es muy caro.

   _____　(SER LA COMIDA BUENA).

3. El viaje ha sido muy largo.

   _____　(DORMIR BIEN).

4. Los paisajes son preciosos.

   _____　(SALIR BIEN LAS DIAPOSITIVAS).

5. Iremos a Alemania en primavera.

   _____　(HACER BUEN TIEMPO).

3. Completa con las preposiciones adecuadas:

1. Saldremos _____ Barajas _____ las 5 h. _____ la tarde.

2. Llegaremos _____ Lisboa _____ las 6 h.

3. Nos hospedaremos _____ el hotel «Das conchas» y haremos una visita _____ el centro de la ciudad.

4. Lisboa es famosa _____ sus bellos edificios.

5. Allí podremos disfrutar _____ una buena comida.

6. Volveremos _____ Madrid el domingo _____ la noche.

4. Relaciona:

Cuando estoy en casa	estar en casa antes de la 10.
Cuando llegué	vengas a la fiesta de nuestro aniversario.
Espero	me gusta oir la radio.
Cuando llegues	cojo el autobús.
Cuando voy a clase	os escribiré.
Cuando me vaya al extranjero	se había ido.
Esperamos que	llámame por teléfono.

5. Lee atentamente el texto y complétalo con las palabras del recuadro:

hombre	luces	calle	caña	abrir	acompañado
caer	mañanas	conocidos	trabajo	gente	

Juan Barranco: mis lugares favoritos de Madrid.

Madrid para pasear, solo o (1) ...., para fundirse con la ciudad, el (2) .... y su hábitat sin solución de continuidad. Si es solo, y al (3) .... la tarde, o con las primeras (4) .... de la mañana, el Madrid de los Austrias, recoleto, velazqueño... Por las (5) ...., al filo de las once, el Retiro, la Cuesta de Moyano empezando a (6) .... las casetas, el Parque del Oeste o el de Enrique Tierno Galván. Por las tardes, cuando la (7) .... está en la (8) .... o en los bares y tabernas, de recogida del (9) .... mi viejo barrio de Vallecas o cualquier otro popular de Madrid, con un chato de vino o una (10) .... y cientos de saludos de amigos y (11) ....

6. Sigue el modelo.

> ¿Vendrás a verme?/tener tiempo.
> *Sí, cuando tenga tiempo.*

1. ¿Te comprarás un piso?/tener dinero.

2. ¿Pensáis ir a la playa?/hacer buen tiempo.

3. ¿Se casará tu hermano pronto?/tener trabajo.

4. ¿Me harás un regalo?/ser tu cumpleaños.

5. ¿Empezarás a trabajar con tu padre?/terminar la carrera.

7. Sigue el modelo.

> Espero/ venir (vosotros) pronto.
> *Espero que vengáis pronto.*

1. Espero/ estar (tú)/ bien.

2. Espero/ darme/ mi jefe/ un día/ permiso.

3. Espero/ pasarlo bien (ellos).

4. Espero/ mejorarse/ tu madre.

5. Espero/ venir (tú) a visitarme.

h as aprendido a....

formular protestas

exponer deseo

unidad 8

1. Completa con SE + verbo en singular o plural:

1. En mi calle (VENDER) _____ un piso.
2. Aquí no (PODER) _____ fumar.
3. (PROHIBIR) _____ entrar por esta puerta.
4. En las bibliotecas (LEER) _____ y (CONSULTAR) _____ libros y publicaciones de todo tipo.
5. En las revistas del corazón (HABLAR) _____ de gente famosa.
6. En este edificio (ALQUILAR) _____ apartamentos.

2. Transforma como en el ejemplo:

> Últimamente, los periódicos hablan mucho de economía.
> *Últimamente se habla mucho de economía.*

1. En casi todos los países la gente lee poco.

   _____

2. Las grandes editoriales hacen traducciones a todos los idiomas.

   _____

3. En los museos podemos ver importantes obras de arte.

   _____

4. Para ir a La Coruña, los conductores cogen la N-VI.

   _____

5. Desde esta torre vemos toda la ciudad.

   _____

3. Completa con MÁS, MENOS, MEJOR, PEOR, IGUAL.

A. ¿Te gusta tu nuevo trabajo?

B. Sí, tengo _____ responsabilidades, pero también gano _____ y el horario es _____. Además, tardo _____ tiempo, porque la oficina está al lado de mi casa. ¿Y tú, qué tal?

A. Yo sigo _____, el trabajo es _____ interesante y me encanta, pero el sueldo es _____ y paso bastantes apuros para llegar a final de mes.

4. Completa con SER o ESTAR.

1. Beatriz _____ todo el mes escribiendo cartas. Ahora _____ documentalista de un periódico y _____ muy contenta, porque su trabajo _____ interesante, aunque no _____ fácil.

2. Consuelo ahora _____ de vacaciones, pero normalmente también _____ muy ocupada. _____ secretaria de dirección de una empresa. Su trabajo _____ más pesado y aburrido que el de Beatriz, pero _____ mejor pagado.

3. A. ¿_____ ya lista para salir?

   B. Sí, ya voy, _____ terminando de peinarme.

   A. Pero, ¡qué guapa _____! Ese vestido _____ muy bonito.

   B. Tú también _____ muy bien. El pelo corto te _____ mucho mejor.

5. Sigue el modelo.

> ¿Es fácil esa carrera?
> *Es facilísima.*

1. ¿Es bueno ese libro?
2. ¿Es interesante esa ciudad?
3. ¿Es divertida esa película?
4. ¿Son simpáticos tus vecinos?
5. ¿Es amable tu jefa?
6. ¿Es aburrido tu trabajo?
7. ¿Es rica tu familia?

6. Sigue el modelo.

> A. ¿Cogerás ese trabajo?
> B. Sí, (PAGARME) muy bien.
> B. *Sí, me pagan muy bien.*

1. A. ¿Trabajarás por fin en la SEAT?

   B. Sí, (NECESITAR) _____ mecánicos.

2. A. ¿Te vas a comprar el ordenador?

   B. Sí, (HACERME) _____ una buena rebaja.

3. A. ¿Harás el viaje a Egipto?

   B. Sí, todavía (QUEDAR) _____ plazas libres.

4. A. ¿Tendremos mesa el sábado en Zalacaín?

   B. Sí, porque las (RESERVAR) _____

5. A. ¿Has conseguido coche para ir a Toledo?

   B. Sí, los (ALQUILAR) _____ al lado del hotel.

h as aprendido a....

A
hacer comparaciones

B
expresar sentimientos

unidad 9

1. Relaciona como en el ejemplo:

> Concha nunca sale los domingos y no está en casa.
> *¡Qué raro que/ Me extraña que no esté en casa!*

Ayúdate con estas frases

| Julia no sabe nada |
| Mercedes no coge el teléfono |
| son amigas |
| no toma nada hoy |
| tiene que irse |

1. Quedé en llamar por teléfono sin falta.
   _____

2. Todo el mundo conoce la noticia.
   _____

3. Irene y Leonor son muy distintas.
   _____

4. Antonio nunca tiene prisa.
   _____

5. A Lola le encanta comer.
   _____

2. Une las frases como en el ejemplo:

Ejemplo: • Mi madre no ha llamado por teléfono. —Ha llamado, pero el teléfono está mal colgado.
   • *¡Qué raro que mi madre no haya llamado por teléfono!*
   — *A lo mejor ha llamado pero el teléfono está mal colgado.*

1. Carmen no ha escrito. Ha escrito y la carta se ha perdido.
   _____
   _____

2. Manolo no ha vuelto a casa. Ha vuelto y no lo hemos visto.
   _____
   _____

3. Ana no me ha esperado. Ha esperado, pero ya se ha ido.
   _____
   _____

4. No ha venido esta tarde. Ha venido, pero no estábamos en casa.
   _____
   _____

3. Ejemplo: Es muy inteligente, *¡qué pena que sea tan vago!*

1. Fiesta muy divertida, no puedes venir.

   _____

2. Es muy guapo, no es más alto.

   _____

3. Vamos el domingo todos los amigos, no puedes venir tú.

   _____

4. Vale mucho, no estudia una carrera.

   _____

4. Transforma las siguientes frases:

> Mi casa no tiene jardín/ casa con jardín
> *Quiero una casa que tenga jardín*

1. Esta calle es muy ruidosa/ calle sin ruidos.

   _____

2. Mi trabajo es muy aburrido/ trabajo interesante.

   _____

3. Este vino está caliente/ vino frío.

   _____

4. Este hotel no tiene Parking/ hotel con Parking.

   _____

5. Este piso tiene dos dormitorios/ tres dormitorios.

   _____

6. Este reloj es muy caro/ otro más barato.

   _____

5. Escucha y contesta V o F

1. El del pantalón blanco es Sebastián.
2. Amparo es la chica que está tomando una copa de jerez.
3. Amparo es la hermana de Toni.
4. Moncho lleva una cazadora de cuero.
5. Moncho es el cuñado de Lola.

V	F

6. Sigue el modelo.

> Ser emprendedora.
> *Necesitamos una persona que sea emprendedora.*

1. Hablar dos idiomas.
2. Tener buena presencia.
3. Saber conducir.
4. Ser de nacionalidad española.
5. Tener coche propio.

7. Sigue el modelo.

> No puedo ir con vosotros.
> *¡Qué pena que no puedas venir!.*

1. Está enfermo.
2. Tienen que marcharse.
3. No me gusta el gazpacho.
4. Sólo tiene dos habitaciones.
5. En agosto trabajo también.

h as aprendido a....

A
pedir identificación

B
expresar extrañeza

unidad 10

1. Completa las frases con QUÉ o CUÁL:

1. A. De estos tresillos, ¿_____ le gusta más?.

   B. Me gustan los dos. No sé _____ llevarme.

2. A. ¿_____cuadro prefieres?

   B. Este paisaje es precioso, a ti ¿_____ te parece?

3. A. ¿Quién es esa chica?

   B. ¿_____?

   A. La que está hablando con José.

   B. Ah, es Inés, su hermana.

4. A. ¿_____has comprado?

   B. Una alfombra muy bonita.

5. ¿_____hacemos? ¿Nos quedamos en casa o salimos?

2. Pon los verbos que van entre paréntesis en la forma adecuada:

A. Ayer estuve con Joaquín y me dijo que (IR, nosotros) _____ a verlo, porque (TE-NER, él) _____ que hablar con nosotros.

B. Y ¿para qué quiere vernos?

A. Porque su jefe le dijo el lunes pasado que (NECESITAR, ellos) _____ gente para trabajar en su empresa y le pidió que (BUSCAR, él) _____ a personas competentes.

B. Y tú, ¿qué le dijiste?

A. Que (HABLAR, yo) _____ contigo y le pregunté que cuándo (PODER, él) _____ recibirnos.

B. A ver si tenemos suerte... ¿Le dijiste que (SER, nos.) _____ los mejores fotógrafos del país?

A. Él ya lo sabe, ah, también me dijo que (LLEVAR, nos) _____algunas fotos y que (HACER) _____ un curriculum.

B. Pero, ¿cuándo es la entrevista?

A. No sé, me dijo que me (LLAMAR, él) _____.

3. ¿Qué dijo? ¿Qué preguntó? ¿Qué contestó?

Ejemplo:

Sofía: «*Llámame este fin de semana, tengo muchas ganas de hablar contigo.*»

Lola: «*De acuerdo, te llamaré el viernes por la noche.*»

Sofía le dijo a Lola que la llamara el fin de semana porque tenía muchas ganas de hablar con ella y Lola le contestó que la llamaría el viernes por la noche.

1. Sra. López: «Estoy muy cansada de este trabajo, necesito cambiar».
Sr. López: «No es fácil encontrar otro trabajo, pero lee los anuncios del periódico, a lo mejor ves algo interesante».

_____

_____

_____

2. Luisa: «¿Has hecho tú esta tarta? ¡Está buenísima!. Tienes que darme la receta».
Cecilia: «No la tengo, pero no te preocupes, se la pediré a mi hermana».

_____

_____

_____

3. Antonio: «¿Es esa chica hermana de María? Se parecen muchísimo».
Angelines: «No tengo ni idea, anda, no seas tímido, habla con ella y pregúntaselo».

_____

_____

_____

4. María Jesús: «¿Vas a salir?».
Javier: «Sí, tengo que ir a la oficina, el trabajo está muy atrasado».
María Jesús: «Tráeme el periódico, por favor».
Javier: «Bien, pero no volveré hasta la tarde».
María Jesús: «Entonces déjalo, lo compraré yo».

_____

_____

_____

4. Enumera en Estilo Indirecto las peticiones de Beatriz:

Beatriz dijo: «Pinten los techos y el pasillo de blanco».

Beatriz dijo que pintaran los techos y el pasillo de blanco.

Beatriz dijo:

1. «Llama a unos pintores profesionales».
2. «Pongan enchufes en todas las habitaciones».
3. «Hágame primero un presupuesto».
4. «Coloquen el tresillo en el salón».

as aprendido a...

h

A
preguntar preferencias

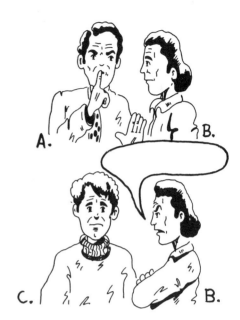

B
transmitir órdenes

unidad 11

1. Completa las frases, con las del recuadro.

> Ejemplo: El jefe está ocupado. Esperar un poco.
> El jefe está ocupado, ¿le importa esperar un poco?
> El jefe está ocupado, ¿podría esperar un poco?

1. Ana María, tengo sed, _____.
2. ¡Qué calor hace aquí!, _____.
3. María se encuentra muy mal, _____.
4. Me gustaría hace un viaje por Centroeuropa, _____.
5. Jorge, los niños están en el parque, _____.
6. Quiero matricularme en esta Escuela, _____.

llevarla al hospital	darme folletos de viaje darme información
ir a buscarlos	poner el aire acondicionado
traerme un vaso de agua	

2. Pon el verbo que hay entre paréntesis en INFINITIVO o QUE + PRESENTE DE SUBJUNTIVO.

1. Necesito hablar urgentemente con mi secretaria. ¿Le importa (USAR, yo) _____ el teléfono?

2. Aquí no se ve nada, te importa (ENCENDER, yo) _____ la luz?

3. En este momento no puedo hablar con Vd., ¿le importa (VOLVER, Vd.) _____ más tarde?

4. He perdido mi lápiz, ¿te importa (PRESTARME, tú) _____ el tuyo un momento?

5. Hay mucho ruido en la calle, ¿os importa (CERRAR, yo) _____ la ventana?

6. Señor Domínguez, llevo un mes trabajando más de 10 horas diarias, podría (DARME, Vd.) _____ una semana de permiso?

3. Completa con un pronombre en cada hueco:

A. ¡No me digas que tienes el último libro de A. Ferrado! Hace tiempo que tengo ganas de leer _____ y no _____ encuentro, ¿puedes prestár_____ _____?

B. Bien, lleva_____ _____, pero _____ _____ tienes que devolver en seguida, mi hermano también _____ _____ ha pedido y _____ he dicho que _____ _____ dejaría en cuanto yo _____ terminara.

A. No _____ preocupes, dentro de tres días _____ _____ traigo, yo estas obras _____ leo rápidamente.

4. Completa las frases con para + INFINITIVO o para que + SUBJUNTIVO:

1. Es necesario invertir mucho dinero en publicidad _____ la película (SER) _____ un éxito.
2. Todos los días compro el periódico _____(ENTERARSE) _____ de las últimas noticias.
3. Los jóvenes necesitan estar bien preparados _____ (ENCONTRAR) _____ empleo.
4. Hemos hablado con los vecinos _____ no (PONER) _____ la música tan alta.
5. Abre la ventana _____ (IRSE) _____ el humo.
6. Este aparato sirve _____ (EXPRIMIR) _____ las naranjas y los limones.
7. Hay que darle a este botón _____ la batidora (FUNCIONAR) _____.
8. Me ha llamado mi hermana _____ (IR) _____ con ella a las rebajas.
9. En la actualidad, hace falta mucho dinero _____ (COMPRAR) _____ una casa.

5. Completa las frases con las siguientes palabras y expresiones:

rebajas	muy bien de precio	a plazos	al contado
con tarjeta	en oferta.		

1. Cuando viajo, no llevo mucho dinero. Prefiero pagar _____.
2. El piso era muy caro. Lo hemos pagado _____.
3. A mi marido le gusta pagar _____. Dice que si no tiene dinero, no compra.
4. En los meses de verano, hay _____ en casi todas las tiendas, numerosos artículos están _____.
5. Esta lámpara está _____, nos la llevamos.

6. Juan y María están en la sección de caballeros, comprando ropa para él. Escucha y completa la conversación.

Vendedor: ¡Buenos días, ¿qué _____?

María: Queremos ver algo de _____ para mi marido.

Vendedor: Usted dirá.

María: Pues, un par de _____, unos _____, una _____ y una corbata.

Juan: ¿Una corbata? Pero si yo nunca llevo corbata.

María: Te conviene tener alguna. ¿_____ _____ algunas que sean modernas?

Vendedor: _____ que _____, _____ faltaba _____. ¿Qué les _____ éstas?

Juan: Bueno... no está mal, nos ____ llevamos. Ahora, ¿_____ ver alguna camisa?

Vendedor: Sí, ... aquí tienen, éstas _____ 5.500 y éstas, 7.000.

Juan: A mí _____ _____ ésta, ¿y a ti?

María: A mí, _____.

Juan: ¿_____ probármela?

Vendedor: Sí, claro. Allí está el _____.

7. Responde afirmativamente a estas peticiones.

1. ¿Le importa darme un cigarrillo?

   _____

2. ¿Le importa pasar esta carta a máquina?

   _____

3. ¿Podría hacer una llamada?

   _____

4. ¿Te importa que baje la tele?

   _____

5. ¿Podría traerme la sal?

   _____

— Ahora escucha la cinta y comprueba.

8. Fumar.
   ¿Te importa que fume?

1. Apagar la radio.
2. Salir un poco antes hoy.
3. Hacer unas fotocopias.
4. Sentarse aquí.
5. Pasar un momento.

as aprendido a...

A
pedir permiso

B
formular órdenes con
una petición

unidad 12

1.

	tú	él	ellos
PINTAR	pintaras	pintara	pintaran
SER	_____	_____	_____
DECIR	_____	_____	_____
PONER	_____	_____	_____
PODER	_____	_____	_____
HACER	_____	_____	_____
TENER	_____	_____	_____

2.

Pon el verbo que hay entre paréntesis en PRETÉRITO IMPERFECTO DE SUBJUNTIVO O CONDICIONAL SIMPLE, según convenga:

1. Si fuera rica, (VIAJAR, yo) _____ por todo el mundo.

2. Me gustaría que (VENIR, tú) _____ más a menudo por mi casa.

3. Me (COMPRAR, yo) _____ otro coche, si tuviera bastante dinero.

4. Me gustaría que mi hija (SER) _____ violinista.

5. —No sé qué regalarle a Antonio
   —Yo, en tu lugar, le (REGALAR) _____ el último disco de Mecano.

6. ¿Te gustaría que esta noche (SALIR, nosotros) _____ a cenar?

7. —Voy a una cena y no sé qué ponerme.
   —Yo, que tú, (PONERSE) _____ el vestido negro.

8. —Me han ofrecido un trabajo no muy bueno y no sé si cogerlo.
   —Yo, en tu lugar, lo (COGER) _____.

3.

Contesta negativamente con «No creo que...»
¿Llegará Juan esta tarde?
No, no creo que llegue esta tarde.

1. ¿Iréis de vacaciones a Peñíscola?
   _____.

2. ¿Tiene algún problema Marisa?
   _____.

3. La fiesta de cumpleaños, ¿será el domingo?
   _____.

4. Y Luis, ¿crees que aprobará?
   _____.

5. ¿Vendrá pronto tu marido?

_____.

Ahora responde afirmativamente:

Ej. *Sí, creo que llegará esta tarde.*

4. Termina las frases con las del recuadro:

> ir a la piscina, aprender otra profesión, estar más sano,
> enseñarte los bonsais, casarse con un millonario.

Ej. *Si fuera presidente de un país, prohibiría los ruidos de las ciudades.*

1. Si hiciera buen tiempo _____.
2. Si no fumara tanto_____.
3. Si vinieras a mi casa_____.
4. Si fuera más joven _____.
5. Si pudiera _____.

5. Sigue el modelo.

> *Tener más cuidado.*
> *Me gustaría que tuvieras más cuidado.*

1. Leer más.
2. Llamarme por teléfono más a menudo.
3. Llover hoy.
4. Comprarte esta blusa.
5. Venir a clase normalmente.

6. Formar frases condicionales como en el ejemplo:

> *Ir a Sudamérica. Tener 2 meses de vacaciones.*
> *Si tuviera 2 meses de vacaciones, iría a Sudamérica.*

1. Luis SER más inteligente. No PASARLE estas cosas.

_____.

2. Tú TRABAJAR menos. TENER tiempo para pescar.

_____.

3. APROBAR todas las asignaturas. Tú ESTUDIAR más.

_____.

4. No ESTAR tan gordo. No COMER tú tanto.

_____.

5. No ESTAR tan gordo. No COMER tú tanto.

_____.

7. Completa las frases con las expresiones del recuadro:

> tomar el pelo, levantar el ánimo, deprimir, merece la pena, en tu lu-
> gar

1. ¿A ti te gustan las películas de guerra?

   No, no me gustan, porque me _____ bastante.

2. ¿Qué te pasa?

   No sé, me encuentro fatal.

   Anda, vamos a dar una vuelta para _____.

3. No sé que hacer, mi novia se ha enfadado conmigo y no me quiere hablar más.

   Yo, _____, le mandaría un ramo de flores.

4. _____ comprarse una casa con jardín para que jueguen los niños.

5. Juan es un bromista, siempre le _____ a todo el mundo.

h as aprendido a...

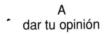

A
dar tu opinión

B
dar consejos

unidad 13

1. Haz como en el ejemplo:

> Terminaré los estudios. Empezaré a trabajar.
> *En cuanto termine los estudios, empezaré a trabajar.*

1. Llego a casa. Pongo música.

   _____.

2. Tendré tiempo. Me matricularé en un curso de Arqueología.

   _____.

3. Tomás tiene dinero. Lo gasta.

   _____.

4. Podré. Me iré a vivir sola.

   _____.

5. Mis primos llegarán de su viaje. Iremos a verlos.

   _____.

6. Araceli recibió mi carta. Me contestó.

   _____.

7. Acabaron las noticias. Empezó el coloquio.

   _____.

8. Sabré su dirección. Escribiré a Beatriz.

   _____.

2. Ofrece ayuda empleando la expresión ¿quieres que...?.
Usa los verbos del recuadro.

> Ej. Tiene que hacer la comida y le duele la espalda.
> *¿Quieres que la haga yo?*

1. Tiene una cita con el médico y está muy nervioso.

   _____.

2. Tiene que hacer la compra y no puede.

   _____.

3. Tiene un examen de español y no tiene diccionario.

   _____.

4. Tiene que poner la lavadora y está muy cansado.

   _____.

5. Tiene que hacer un trabajo sobre teatro y no sabe.

   _____.

| prestar, poner, ir, acompañar, ayudar |

3. Sustituye los verbos entre paréntesis por INDICATIVO o SUBJUNTIVO

1. No iré a su fiesta, aunque (LLAMARME,) _____ ella.
2. Vive como un millonario, aunque no (TENER) _____ ni un duro.
3. Se han secado las plantas, aunque las (REGAR, yo) _____ todos los días.
4. Pasaré las vacaciones en el Norte, aunque (HACER) _____ frío.
5. Le cae bien a todo el mundo, aunque a mí (PARECERME) _____ bastante pedante.
6. No lo haré aunque (DARME) _____ un millón de pesetas.

4. Escribe una pregunta para estas respuestas:
> ¿Qué piensas estudiar?
> *No lo sé, Arquitectura o Bellas Artes.*

1. _____.

   A lo mejor voy a EE. UU.

2. _____.

   Tengo que comprar de todo, desde lámparas hasta sillas.

3. _____.

   Un libro y una flor.

4. _____.

   Algo sencillo, pollo con patatas fritas y ensalada.

A continuación, escucha la cinta y comprueba.

5. Une las frases usando "aunque", "para/para que", "en cuanto". Haz los cambios necesarios.
> Ejemplo: Vengo a verte. Necesito hablar contigo.
> *Vengo a verte para hablar contigo.*

1. No ha aprobado. Ha estudiado mucho.

   _____.

2. Te he traído un libro. Quiero que lo leas.

   _____.

3. Llegué a casa. Sonó el teléfono.

   _____.

4. Está siempre cansado. No trabaja nada.

   _____.

5. Llegaré el domingo. Iré a verte enseguida.

   _____.

6. Iré a la piscina. El domingo habrá mucha gente.

   _____.

7. El Ayuntamiento ha comprado este solar. Va a construir una escuela.

   _____.

6. Sigue el modelo.

Hacer la compra.
¿Quieres que la haga yo?

1. Echar la carta.
2. Escribir el informe.
3. Hacer las camas.
4. Lavar la ropa.
5. Sacar las entradas.
6. Ir al supermercado.

7. Sigue el modelo.

Llegar. Ir a verte.
En cuanto llegue, iré a verte.

1. Tener tiempo. Escribirte.
2. Ver a Juan. Decírselo.
3. Venir. Llamarte.
4. Tener dinero. Comprártelo.
5. Ser de noche. Salir.

as aprendido a....

h

A
formular un ofrecimiento
y responder

B
preguntar por un plan
y responder

unidad 14

1. Completa las frases con:

ESTOY DE ACUERDO CONTIGO, PERO... INCLUSO...

POR UNA PARTE... POR OTRA..

.YA QUE... POR SUPUESTO...

SIN EMBARGO... ADEMÁS...

1. Viajar de noche es mejor, hay menos tráfico y no hace calor, ¿no te parece?
   —_____ también hay menos visibilidad y circulan muchos ca-
   miones.

2. ¿Vendrás esta noche a cenar a casa?
   —_____, tengo muchas cosas que contaros.

3. ¿Vamos a ver la última película de Saura?
   Lo siento, ya la he visto. _____, mañana tengo que madrugar.

4. Juan trabaja demasiado. Ultimamente va a la oficina _____ los domingos.

5. _____ te gustan tanto los niños, debes tener un hijo.

6. Dice que está harta de ser ama de casa, _____ no busca ningún otro trabajo.

7. A Andrés _____, le gustaría ir a la mili, pero _____, cree que es una
   pérdida de tiempo.

2. Forma sustantivos derivados de los siguientes adjetivos y verbos con la ayuda de los sufijos
—CIÓN/IÓN, —EZ, —IDAD.

Ejemplo: *comunicar* _____ *comunicación*

1. — maduro
2. — sólido
3. — capaz
4. — participar
5. — responsable
6. — natal
7. — materno
8. — educar

3. Forma contrarios con los prefijos IN/I—, DES—.

Ejemplo: *Satisfacción* _____ *insatisfacción*

1. — unión
2. — maduro
3. — seguridad
4. — responsable
5. — capaz
6. — esperanzado
7. — lógico

4. Ésta es la argumentación de un español acerca de la fiesta de los toros. Escribe tú una argumentación parecida sobre «la energía nuclear».

- Miguel, ¿qué opinas sobre las corridas de toros?
— Hombre, por una parte, no estoy de acuerdo con ellas, ya que se trata de matar a un animal. Pero, por otra parte, es una tradición española, un arte, y debemos respetar las tradiciones, ¿no? Además, el toro es un animal peligroso, que puede defenderse con los cuernos, corre bastante y pesa muchísimo. Es una lucha entre el hombre y el toro. Yo no las prohibiría.

5. Completa las frases con estas expresiones que han aparecido en los apartados A y B del libro.

TIENE DERECHO A   ES ESENCIAL PARA   EN BUSCA DE
TIENE RAZONES PARA   HACER FRENTE A   TIENEN LA OBLIGACIÓN DE
POR OBLIGACIÓN   A PARTES IGUALES

1. Muchos trabajadores emigran a otros países _____ trabajo.
2. Los padres _____ ocuparse de sus hijos.
3. Todo el mundo _____ la educación.
4. Le ha tocado el "gordo" de la lotería. _____ estar contento.
5. Es una mujer muy valiente. Ha tenido que _____ situaciones muy difíciles.
6. Debemos compartir el trabajo _____.
7. Saber correctamente dos idiomas _____ ser traductor.
8. Me gusta la cocina, pero no me gusta tener que cocinar a diario, _____.

6. Escucha esta discusión entre Pedro y Maribel sobre el trabajo del ama de casa y luego responde:

	V	F
1. Pedro cree que las amas de casa deben cobrar un sueldo.		
2. Toda la familia puede hacer ese trabajo.		
3. El trabajo del ama de casa es importante sólo para la familia.		
4. A muchas mujeres les gusta trabajar en casa.		

h as aprendido a...

A
argumentar

B
utilizar tratamientos
de cortesía

unidad 15

1. Pon los verbos en el tiempo correspondiente del Pasado.

1. ¿Todavía no (LLEGAR) _____ el director?. Ayer (VENIR, yo) _____ y me (DECIR, Uds.) _____ que (LLEGAR) _____ a las nueve.

2. ¿Qué tal la película de anoche? ¿Te (GUSTAR) _____?
   — No mucho, los actores (SER) _____ buenos, pero el argumento (SER) _____ bastante flojo, y el final, sobre todo, (PARECERME) _____horrible.

3. Cuando (CONOCER, yo) _____ a Carmen, ella (VIVIR) _____ en Madrid y yo en Salamanca. Después yo (IRME) _____ a Barcelona porque (ENCONTRAR) _____ un trabajo mejor, y Carmen (VENIR) _____ dos meses después a la empresa donde yo (TRABAJAR) _____.

4. Ayer, cuando Adela (IR) _____ a la oficina, (TENER) _____ un accidente. No le (PASAR) _____ nada, pero esta mañana le (DOLER) _____ la pierna y le (HACER) _____ una radiografía.

5. Después de tres años fuera de su país, cuando (BAJAR, él) _____ del tren, (COMPRAR) _____ el periódico, lo (LEER) _____ mientras (DESAYUNAR) _____ y (VER) _____ que no (SUCEDER) _____ nada nuevo.

6. Cuando (LLEGAR, yo) _____, les (DAR) _____ la noticia del atraco, pero todos la (CONOCER) _____ ya, porque lo (DECIR) _____ por la radio.

7. Ayer (HABLAR , yo) _____ con tu madre y me (DECIR) próximo si (TERMINAR) _____ el trabajo.

2. Escucha y di qué preguntaron y qué respondieron:

1. Antonio preguntó qué _____
   Juan respondió que _____

2. María dijo que _____
   Luisa respondió que _____

3. Luis preguntó _____
   Pedro respondió _____

4. Carmen dijo _____
   Lola dijo _____

3. Pon los verbos que hay entre paréntesis en PRETÉRITO IMPERFECTO o PRETÉRITO INDE-FINIDO, según convenga:

A media tarde, (COGER, yo) _____ el coche y (IR, yo) _____ al pueblo . (HA-BER) _____ mucho ruido, la gente (INVADIR) _____ las calles. (PARAR, yo) _____ el coche delante de la panadería y (ENTRAR, yo) _____.

(ESTAR) _____ vacía. Julián, el panadero, no (ESTAR) _____ detrás del mostrador. Además, el horno (ESTAR) _____ apagado.

(SALIR), yo) _____ a la calle, buscando a Julián entre aquella multitud. En la puerta de la farmacia (ENCONTRAR, yo) _____ al farmacéutico, que (PARE-CER) _____ drogado.

Le (PREGUNTAR, yo) _____ por Julián y me (CONTESTAR, él) _____ con gran desánimo:

— ¿Julián? En "La gaviota"

A
relatar una historia

h as aprendido a....

GLOSARIO VOKABULAR GLOSSAIRE GLOSSARY

ESPAÑOL ALEMÁN FRANCÉS INGLÉS

Unidad 1

ESPAÑOL	ALEMÁN	FRANCÉS	INGLÉS
1. acerca de	1. über	1. au sujet de	1. about
2. apartamento (el)	2. Appartement (das)	2. appartement (l´)	2. apartment, flat
3. artículo (el)	3. Artikel (der)	3. article (l´)	3. article
4. beca (la)	4. Stipendium (das)	4. bourse (la)	4. grant
5. completar	5. vervollständigen	5. compléter	5. to complete
6. cocinar	6. kochen	6. cuisiner	6. to cook
7. ¿cuánto tiempo?	7. wie lange?	7. combien de temps?	7. how long?
8. cursillo (el)	8. Kurs (der)	8. cours (le)	8. short course
9. encontrar	9. finden	9. trouver	9. find
10. entrevista (la)	10. Interview (das), Besprechung (die)	10. entretien (l´)	10. interview
11. esquiar	11. skifahren	11. skier, faire du ski	11. to ski
12. hace tiempo que	12. es ist lange her, dass	12. cela fait longtemps que	12. it´s a long time since
13. obtener	13. erhalten	13. obtenir	13. obtain
14. perfil (el)	14. Profil (das)	14. profil (le)	14. profile
15. personaje (el)	15. Gestalt (die)	15. personnage (le)	15. character
16. polémico/a	16. polemisch	16. polémique	16. controversial
17. por cierto	17. übrigens	17. à propos	17. by the way
18. premio (el)	18. Belohnung (die)	18. récompense (la)	18. prize
19. preocuparse	19. s. beunruhigen, s. kümmern	19. se préoccuper	19. to worry
20. quedar (tiempo)	20. bleiben	20. avoir (le temps)	20. to be left
21. quedar (con alguien)	21. sich verabreden	21. avoir (rendez-vous)	21. to arrange to meet
22. realizar	22. ausführen	22. réaliser	22. carry out, do
23. sobrino/a	23. Neffe (der), Nichte (die)	23. neveu/niéce	23. nephew (m) niece (f)

Unidad 2

ESPAÑOL	ALEMÁN	FRANCÉS	INGLÉS
1. aguantar	1. aushalten	1. supporter	1. put up with
2. aunque	2. obwohl	2. bien que	2. although
3. caer bien	3. sympathisch sein	3. plaire	3. like
4. caer mal	4. unsympathisch sein	4. déplaire	4. dislike
5. crueldad (la)	5. Grausamkeit (die)	5. cruauté (la)	5. cruelty
6. débil	6. schwach	6. faible	6. weak
7. derecho (el)	7. Recht (das)	7. droit (le)	7. right
8. encuesta (la)	8. Umfrage (die)	8. enquête (l´)	8. opinion poll
9. enfadarse	9. sich ärgern	9. se fâcher	9. to get angry
10. estar de acuerdo	10. einverstanden sein	10. être d´accord	10. to agree
11. estar de buen humor	11. gut aufgelegt sein	11. être de bonne humeur	11. to be in a good mood
12. estar de mal humor	12. schlecht aufgelegt sein	12. être de mauvaise humeur	12. to be in a bad mood
13. estar harto/a	13. satt sein	13. en avoir assez	13. to be sick of
14. gitano/a	14. Zigeuner (der), -in (die)	14. gitan/e	14. gypsy
15. grosero/a	15. grob	15. grossier/ére	15. rude
16. incidente (el)	16. Vorfall (der)	16. incident (l´)	16. incident
17. idiosincrasia (la)	17. Eigenart (die)	17. idiosyncrasie (l´)	17. idiosyncracy
18. indefenso/a	18. wehrlos	18. sans défense	18. defenseless
19. influenciar	19. beeinflussen	19. influencer	19. to have an influence on
20. jubilado/a	20. Pensionist (der), -in (die)	20. retraité/e	20. retired
21. prevalecer	21. vorherrschen, überwiegen	21. prévaloir	21. prevail
22. prometer	22. versprechen	22. promettre	22. promise
23. raza (la)	23. Rasse (die)	23. race (la)	23. race
24. sensual	24. sinnlich	24. sensuel	24. sensual
25. ser aburrido/a	25. langweilig sein	25. être ennuyeux/se	25. to be boring
26. ser divertido/a	26. lustig sein	26. être drôle	26. to be fun
27. sincero/a	27. ehrlich	27. sincère	27. sincere
28. tener la culpa	28. schuldig sein	28. être coupable de	28. to be to blame
29. tener razón	29. Recht haben	29. avoir raison	29. to be right

GLOSARIO VOKABULAR GLOSSAIRE GLOSSARY

ESPAÑOL ALEMÁN FRANCÉS INGLÉS

Unidad 3

#	ESPAÑOL	ALEMÁN	FRANCÉS	INGLÉS
1.	aguacate (el)	Avocado (der)	avocat (l´)	avocado pear
2.	aguantar	ertragen	supporter	to bear, endure
3.	añadir	hinzufügen	ajouter	add
4.	aplastar	zerquetschen	aplatir	to crush, flatten
5.	asar	braten, backen	rôtir	roast
6.	cebolla (la)	Zwiebel (die)	oignon (l´)	onion
7.	conectar	verbinden	brancher	to connect
8.	cubrir	(be) decken	couvrir	to cover
9.	detergente (el)	Waschmittel (das)	détergent (le)	detergent
10.	factura (la)	Rechnung (die)	facture	invoice, bill
11.	freír	braten	frire	to fry
12.	guía (de teléfonos)	Telefonbuch (das)	botin (téléphonique) le	telephone book
13.	(no) hacer falta	(nicht) erforderlich sein	(ne pas) avoir besoin	to be unnecessary
14.	hacer un favor	einen Gefallen tun	rendre un service	to do a favour
15.	horno (el)	Ofen (der)	four (le)	oven
16.	infome (el)	Bericht (der)	compte-rendu (le)	report
17.	ingrediente (el)	Zutat (die)	ingrédient (l´)	ingredient
18.	marcar	markieren	marquer	to mark
19.	pelar	abschälen	peler	to peel
20.	picar	kleinschneiden	hacher	to cut into small pieces
21.	pollo (el)	Huhn (das)	poulet (le)	chicken
22.	recados (los)	Bestellungen (die)	courses (les)	daily shopping
23.	rellenar	füllen	remplir	fill up/in
24.	selección (la)	Auswahl (die)	sélection	selection, choice
25.	servir	(be) dienen	servir	serve
26.	tono (de línea) (el)	Ton (der)	tonalité (de ligne) (la)	tone

Unidad 4

#	ESPAÑOL	ALEMÁN	FRANCÉS	INGLÉS
1.	a lo mejor	vielleicht	peur-être	probably
2.	animarse	Mut fassen	se décider	to cheer up
3.	apetecer	begehren, zusagen	avoir envie de	to feel like
4.	arrancar (un coche)	anspringen	démarrer (une voiture)	to start
5.	asistir	besuchen	assister	to attend
6.	catedral (la)	Kathedrale (die)	cathédrale (la)	cathedral
7.	circular	fahren	circuler	circular
8.	cómodo/a	bequem	facile	comfortable
9.	cruce (el)	Kreuzung (die)	carrefour (le)	crossroads
10.	chocar	zusammenstossen	entrer en collision	to hit
11.	declarar	erklären	faire une déclaration	to declare
12.	desviarse	ab-, ausweichen	se dévier	to branch off
13.	distancia (la)	Entfernung (die)	distance (la)	distance
14.	enfrente (de)	gegenüber	en face de	opposite
15.	evitar	vermeiden	eviter	avoid
16.	frenar	bremsen	freiner	to brake
17.	grave	ernst, schwer	grave	serious
18.	herido/a	verletzt	blessé/e	injured
19.	interés (el)	Interesse (das)	intérêt (l´)	interest
20.	intentar	versuchen	essayer	try
21.	mapa (el)	Landkarte (die)	carte (la)	map
22.	municipal	städtisch	municipal	municipal
23.	ocurrir	sich ereignen	avoir lieu	happen
24.	protagonizar	die Hauptrolle spielen	jouer	to play the main part in
25.	resultado (el)	Ergebnis (das)	résultat (le)	result
26.	representación (la)	Darstellung (die)	représentation (la)	representation
27.	semáforo (el)	Ampel (die)	feux de signalisation (les)	traffic lights
28.	sugerencia (la)	Vorschlag	proposition (la)	suggestion
29.	testigo (el/la)	Zeuge (der), -in (die)	témoin (le)	witness
30.	torcer	(ver) biegen	tourner	turn

GLOSARIO — VOKABULAR — GLOSSAIRE — GLOSSARY

ESPAÑOL	ALEMÁN	FRANCÉS	INGLÉS

Unidad 5

ESPAÑOL	ALEMÁN	FRANCÉS	INGLÉS
1. adaptarse	1. sich anpassen	1. s'adapter	1. to adapt
2. ahorro (el)	2. Ersparnis (die)	2. économie (l')	2. to save
3. aprovechar	3. ausnützen	3. profiter	3. to make the most of
4. atrasar	4. verzögern	4. retarder	4. to slow down/up
5. broma (la)	5. Witz (der)	5. plaisanterie	5. fun
6. cabecera (de Prensa) (la)	6. Titelvignette (die)	6. manchette (la)	6. headline
7. controlador aéreo	7. Fluglotse (der)	7. contrôleur de la navigation	7. air traffic
8. detenerse	8. einhalten	8. s'arrêter [aérienne	8. to stop
9. diario (el)	9. Tageszeitung (die)	9. journal lle)	9. daily paper
10. energético/a	10. energetisch	10. énergétique	10. energetic
11. enhorabuena (la)	11. Glückwunsch (der)	11. compliments (les)	11. congratulations
12. enterarse	12. erfahren	12. apprendre	12. to find out
13. huelga (la)	13. Streik (der)	13. grève (la)	13. strike
14. impreso (el)	14. Drucksache (die)	14. imprimé (l')	14. printed paper
15. joya (la)	15. Schmuckstück (das)	15. bijou (le)	15. jewel
16. lujo (el)	16. Luxus (der)	16. luxe lle)	16. luxury
17. madrugada (la)	17. früher Morgen (der)	17. aube (l')	17. early morning
18. mentira (la)	18. Lüge (die)	18. mensonge (le)	18. lie
19. recomendar	19. empfehlen	19. recommander	19. to recommend
20. sueldo (el)	20. Gehalt (das)	20. salaire (le)	20. salary
21. vehículo (el)	21. Fahrzeug (das)	21. véhicule (le)	21. vehicle

Unidad 6

ESPAÑOL	ALEMÁN	FRANCÉS	INGLÉS
1. aumentar	1. wachsen	1. augmenter	1. to increase
2. cereales integrales (los)	2. Naturnährmittel (die)	2. céréales intégrales (les)	2. whole grains
3. conjetura (la)	3. Verdacht (der)	3. conjecture (la)	3. guess, conjecture
4. consejo (el)	4. Rat (der)	4. conseil (le)	4. advice, council
5. consulta (la)	5. Nachfrage (die)	5. consultation (la)	5. consulting (room)
6. conveniente	6. passend	6. convenable	6. suitable, convenient
7. curarse	7. gesund werden	7. se soigner	7. to recover, get better
8. defensa (la)	8. Verteidigung (die)	8. défense	8. defence
9. deseo (el)	9. Wunsch (der)	9. désir (le)	9. wish, desire
10. diagnóstico (el)	10. Diagnose (die)	10. diagnostic (le)	10. diagnosis
11. duda (la)	11. Zweifel (der)	11. doute (le)	11. doubt
12. echar la siesta	12. Nachmittagsschlaf machen	12. faire la sieste	12. to have a siesta
13. enfriarse	13. sich verkühlen	13. prendre froid	13. to get cold
14. estar ocupado/a	14. besorgt sein	14. être préoccupé/e	14. to be worried
15. fiebre (la)	15. Fieber (das)	15. fièvre (la)	15. temperature
16. fórmula (la)	16. Formel (die)	16. formule (la)	16. formula
17. indispensable	17. unabkömmlich	17. indispensable	17. essential
18. ingresar	18. eintreten	18. être admis	18. to be admitted (to hospital)
19. legumbre (la)	19. Hülsenfrucht (die)	19. légume (le)	19. beans
20. mantenerse	20. sich halten	20. se maintenir	20. to keep
21. mareo (el)	21. Schwindel (der)	21. étourdissement (l')	21. dizziness
22. milagro (el)	22. Wunder (das)	22. miracle (le)	22. miracle
23. necesario/a	23. erforderlich	23. nécessaire	23. necessary
24. ¡ojalá!	24. hoffentlich!	24. pourvu que	24. if only...!
25. postura (la)	25. Haltung (die)	25. attitude (l')	25. position, opinion
26. prolongar	26. verlängern	26. prolonger	26. to prolong
27. prueba (la)	27. Versuch (der)	27. analyse (l')	27. test
28. pulmonía (la)	28. Lungenentzündung (die)	28. pneumonie (la)	28. pneumonia
29. sesión (la)	29. Sitzung (die)	29. séance (la)	29. session
30. sobre todo	30. vor allem	30. surtout	30. above all
31. suspender (un acto)	31. absagen	31. suspendre (un acte)	31. cancel
32. tratamiento (el)	32. Behandlung (die)	32. traitement (le)	32. treatment
33. varicela (la)	33. Windpocken (die)	33. varicelle (la)	33. chickenpox

GLOSARIO   VOKABULAR   GLOSSAIRE   GLOSSARY

ESPAÑOL   ALEMÁN   FRANCÉS   INGLÉS

Unidad 7

ESPAÑOL	ALEMÁN	FRANCÉS	INGLÉS
1. a bordo	1. an Bord	1. à bord	1. on board
2. alcalde/alcaldesa	2. Bürgermeister (der)	2. maire	2. mayor
3. alojamiento (el)	3. Unterkunft (die)	3. logement (le)	3. accommodation
4. anoche	4. gestern abend	4. hier soir	4. last night
5. artesanía (la)	5. Kunsthandwerk (das)	5. artisanat (l')	5. craftsmanship, handicraft
6. ataviado/a	6. herausgeputzt	6. paré/e	6. dressed up
7. averiarse	7. kaputt gehen	7. tomber en panne	7. to break down
8. calidad (la)	8. Qualität (die)	8. qualité (la)	8. quality
9. cobrar	9. einkassieren	9. toucher	9. to charge, get paid
10. de nuevo	10. neuerlich	10. de nouveau	10. once again
11. departamento (el)	11. Abteilung (die)	11. département (le)	11. department
12. descansar	12. ruhen	12. se reposer	12. to rest
13. diapositiva	13. Diapositiv (das)	13. diapositive	13. transparency
14. en nombre de	14. im Namen von	14. au nom de	14. on behalf of
15. excursión (la)	15. Ausflug (der)	15. excursion (l')	15. excursion, trip
16. folleto (el)	16. Prospekt (der)	16. brochure (la)	16. pamphlet
17. garganta (geogr.) (la)	17. Schlucht (die)	17. gorge (la)	17. gorge
18. grifo (el)	18. Hahn (der)	18. robinet (le)	18. tap
19. hospedaje (el)	19. Beherbergung (die)	19. pension (la)	19. (cost of) board and lodging
20. línea regular (la)	20. Linienflug (die)	20. ligne régulière (la)	20. scheduled
21. localidad (la)	21. Ort (der)	21. localité (la)	21. location, seat
22. ¡no hay derecho!	22. Das darf nicht wahr sein	22. ce n'est pas permis!	22. It's not fair!
23. ¡no puede ser que...!	23. Es kann nicht sein dass	23. ce n'est pas possible!	23. I can't believe...!
24. paisaje (el)	24. Landschaft (die)	24. paysage (le)	24. scenery
25. previsto/a	25. vorgesehen	25. prévu/e	25. expected, foreseen
26. protesta (la)	26. Protest (der)	26. protestation (la)	26. protest
27. puesta de sol (la)	27. Sonnenuntergang (der)	27. coucher du soleil (le)	27. sunset
28. ¡qué poca formalidad!	28. Wie unzuverlässig!	28. ce n'est pas sérieux!	28. How informal!
29. recepción (la)	29. Empfang (der)	29. réception (la)	29. reception
30. recorrido (el)	30. Tour (die)	30. parcours (le)	30. journey, route
31. regreso (el)	31. Rückkehr (die)	31. retour (le)	31. return, trip
32. resulta que	32. das Ergebnis ist, dass	32. il se trouve que	32. it's turns out that
33. sábana (la)	33. Leintuch (das)	33. drap (le)	33. sheet
34. traslado (el)	34. Umzug (der)	34. transfert (le)	34. move, transfer
35. ¡ya está bien!	35. Das genügt!	35. cela suffit!	35. That's enough...!

Unidad 8

ESPAÑOL	ALEMÁN	FRANCÉS	INGLÉS
1. anuncio (el)	1. Anzeige (die)	1. annonce (l')	1. advertisement
2. aspirante (el/la)	2. Aspirant (der), –in (die)	2. candidat (le)	2. applicant
3. candidato/a	3. Kandidat (der), –in (die)	3. candidat/e	3. candidate
4. clasificar	4. klassifizieren	4. classer	4. to classify
5. ¡cuánto tiempo!	5. Wie lange!	5. il y a si long temps!	5. What a long time!
6. ¿de acuerdo?	6. Einverstanden?	6. d'accord?	6. Agreed?
7. departamento (el)	7. Abteilung (die)	7. département (le)	7. department
8. empresa (la)	8. Unternehmen (das)	8. entreprise (l')	8. company
9. estar ocupado/a	9. beschäftigt sein	9. être occupé/e	9. to be busy
10. exactamente	10. genau	10. exactement	10. exactly
11. experiencia (la)	11. Erfahrung (die)	11. expérience (l')	11. experience
12. fenomenal	12. toll	12. formidable	12. fantastic
13. formación (la)	13. Ausbildung (die)	13. formation (la)	13. training
14. horario continuo	14. durchgehende Arbeitszeit	14. horaire continu	14. continuous working hours
15. horario partido	15. unterbrochene Arbeitszeit	15. horaire fractionné	15. split working hours
16. jornada intensiva	16. Sommerarbeitszeit	16. journée intensive	16. continuous working day
17. mayoría (la)	17. Mehrheit (die)	17. majorité (la)	17. majority
18. organización (la)	18. Organisierung (die)	18. organisation (l')	18. organization
19. parecido/a	19. ähnlich	19. ressemblant (e)	19. similar
20. puesto (el)	20. Stelle (die)	20. poste (le)	20. post, position
21. razonable	21. vernünftig	21. raisonnable	21. reasonable
22. redactor/a	22. Redakteur (der), -in (die)	22. rédacteur/trice	22. editor
23. remuneración (la)	23. Entlohnung (die)	23. rémunération (la)	23. pay
24. residencia (la)	24. Wohnsitz (der)	24. résidence (la)	24. residence
25. responsabilidad	25. Verantwortung (die)	25. responsabilité (la)	25. responsibility
26. retribución (la)	26. Entgelt (das)	26. rétribution (la)	26. payment, reward
27. revisión	27. Überprüfung	27. révision (la)	27. revision, examination
28. salario (el)	28. Gehalt (das)	28. salaire (le)	28. salary
29. selección (la)	29. Auswahl (die)	29. sélection (la)	29. selection
30. tampoco	30. auch nicht	30. non plus	30. neither, not...either
31. titulación (la)	31. Titel (der)	31. diplôme (le)	31. qualifications

GLOSARIO VOKABULAR GLOSSAIRE GLOSSARY

ESPAÑOL   ALEMÁN   FRANCÉS   INGLÉS

Unidad 9

ESPAÑOL	ALEMÁN	FRANCÉS	INGLÉS
1. al lado de	1. neben	1. à côté de	1. next to
2. autógrafo (el)	2. Urschrift (die)	2. autographe (l')	2. autograph
3. barba (la)	3. Bart (der)	3. barbe (la)	3. beard
4. colarse	4. sich einschleichen	4. se faufiler	4. skip the queue
5. costumbre (la)	5. Gewohnheit (die)	5. coutume (la)	5. habit, custom
6. ¡cuánta gente!	6. Wie viele Leute!	6. que de monde!	6. What a lot of people!
7. danza (la)	7. Tanz (der)	7. danse (la)	7. dance
8. de lunares (tela)	8. mit Tupfen	8. à pois (tissu)	8. spotted
9. describir	9. beschreiben	9. décrire	9. describe
10. estrenar	10. einweihen	10. étrenner	10. to wear for the first time
11. feria (la)	11. Jahrmarkt (der)	11. foire (la)	11. fair, festival
12. funcionar	12. funktionieren	12. fonctionner	12. work, function
13. homenaje (el)	13. Ehrung (die)	13. hommage (l')	13. tribute, homage
14. identificar	14. identifizieren	14. identifier	14. identify
15. impaciencia (la)	15. Ungeduld (die)	15. impatience (l')	15. impatience
16. indiferencia (la)	16. Gleichgültigkeit (die)	16. indifférence (l')	16. indifference
17. me extraña que	17. es wundert mich, daβ	17. cela m'étonne que	17. I'm surprised that...
18. patinar	18. Schlitt-, Rollschuh laufen	18. patiner	18. to skate
19. pincho/pinchito (el)	19. ein kleines'Stück, Apperitif (das)	19. brochette/petite brochette	19. portion
20. plantar	20. (ein) pflanzen	20. planter	20. plant
21. puntual	21. pünktlich	21. ponctuel	21. punctual
22. ¡qué raro que!	22. Wie sonderbar, dass	22. c'est bizarre que	22. How strange that...
23. recompensa (la)	23. Belohnung (die)	23. récompense (la)	23. reward
24. refresco (el)	24. Erfrischungsgetränk (das)	24. rafraîchissement (le)	24. soft drink
25. sitio (el)	25. Stelle (die)	25. endroit (l')	25. place, space
26. verbena (la)	26. Volksfest (das)	26. kermesse (la)	26. open-air celebration
27. villancico (el)	27. Weihnachtslied (das)	27. chant de Noël (le)	27. christmas carol
28. ¡ya estamos con	28. Und wieder einmal	28. ça y est!	28. Here we go again

Unidad 10

ESPAÑOL	ALEMÁN	FRANCÉS	INGLÉS
1. albañil (el)	1. Maurer (der)	1. maçon (le)	1. bricklayer, mason
2. argumentar	2. argumentieren	2. argumenter	2. to argue that...
3. armario empotrado (el)	3. Einbaukasten (der)	3. armoire encastrée (l')	3. fitted cupboard
4. atascado (a)	4. verstopft	4. coincé	4. traffic jam
5. basura (la)	5. Abfall (der)	5. poubelle (la)	5. rubbish
6. contrato (el)	6. Vertrag (der)	6. contrat (le)	6. contract
7. convenir	7. vereinbaren	7. convenir	7. suit, agree on
8. chimenea	8. Kamin (der)	8. cheminée (la)	8. mantelpiece, fireplace
9. decidirse	9. sich entschlieβen	9. se décider	9. make a decision
10. destinatario/a	10. Empfänger (der)	10. destinataire	10. addressee
11. enchufe (el)	11. Stecker (der)	11. prise (la)	11. plug
12. estar de obras	12. Bauarbeiten machen	12. faire des travaux	12. to be under repair
13. fontanero (el)	13. Installateur (der)	13. plombier (le)	13. plumber
14. gasto (el)	14. Ausgabe (die)	14. dépense (la)	14. expense
15. grieta (la)	15. Spalte (die)	15. fissure (la)	15. crack
16. hacer caso	16. auf jem. hören	16. tenir compte de	16. to heed, pay attention
17. hamaca (la)	17. Hängematte (die)	17. chaise longue (la)	17. hammock
18. hipotecario/a	18. hypothekarisch	18. hypothécaire	18. mortgage (adj)
19. horrible	19. schrecklich	19. horrible	19. horrible
20. instalar	20. einbauen	20. installer	20. install
21. mantenimiento	21. Instandhaltung (die)	21. maintenance	21. maintenance
22. no mucho	22. nicht viel	22. pas beaucoup	22. not much
23. no tanto	23. nicht so sehr	23. non pas tant	23. not so much
24. no te pongas así	24. Stell dich nicht so an!	24. ne le prends pas comme ça	24. Don't react like that!
25. objeción (la)	25. Einwand (der)	25. objection (l')	25. objection
26. parcela (la)	26. Parzelle (die)	26. parcelle (la)	26. plot of land
27. pintor (el)	27. Maler (der)	27. peintre (la)	27. painter
28. préstamo (el)	28. Darlehen (das)	28. prêt (le)	28. loan
29. profesional	29. fachmännisch	29. professionnel	29. professional
30. suponer	30. vermuten	30. supposer	30. suppose
31. techo (el)	31. Decke (die)	31. plafond (le)	31. ceiling
32. terraza (la)	32. Terrasse (die)	32. terrasse (la)	32. balcony

GLOSARIO   VOKABULAR   GLOSSAIRE   GLOSSARY

ESPAÑOL   ALEMÁN   FRANCÉS   INGLÉS

Unidad 11

ESPAÑOL	ALEMÁN	FRANCÉS	INGLÉS
1. a plazos	1. auf Raten	1. à tempérament	1. in instalments
2. almacén (el)	2. Lagerhaus - (das)	2. magasin	2. store
3. apartarse	3. Platz machen, sich trennen	3. s'éloigner	3. to separate, move away
4. arreglar	4. regeln, ordnen	4. arranger	4. to repair, sort out
5. bandeja (la)	5. Tablett (das)	5. plateau (le)	5. tray
6. cambiar	6. ändern	6. changer	6. change
7. echar un vistazo	7. kurz auf etw. sehen	7. jeter un coup d'oeil	7. to have a look
8. estar en oferta	8. angeboten werden	8. être en promotion	8. to be on offer
9. estropearse	9. kaputt gehen	9. s'abîmer	9. to get spoiled
10. exprimidor (el)	10. Auspresser (der)	10. presse-fruits (le)	10. squeezer
11. frigorífico (el)	11. Kühlschrank (der)	11. réfrigérateur (le)	11. fridge
12. ganga (la)	12. Gelegenheitskauf (der)	12. affaire (l')	12. bargain
13. horno microondas (el)	13. Mikrowellenherd (der)	13. four micro-onde (le)	13. microwave oven
14. lavavajillas (el)	14. Geschrirrspüler (der)	14. lave-vaisselle (le)	14. dishwasher
15. ¡no faltaba más!	15. Aber natürlich!	15. il ne manquait plus que ça!	15. It's the last straw!
16. pagar en efectivo	16. bar zahlen	16. payer en argent comptant .	16. to pay in cash
17. por supuesto	17. selbstverständlich	17. bien sûr	17. of course
18. ¿te importa?	18. Macht es dir etwas aus? ...	18. cela ne t'ennuie pàs de? ...	18. Do you mind?
19. rebajas (las)	19. Ausverkauf (der)	19. soldes (les)	19. the sales
20. reclamación (la)	20. Beschwerde (die)	20. réclamation (la)	20. complaint

Unidad 12

ESPAÑOL	ALEMÁN	FRANCÉS	INGLÉS
1. abatido/a	1. niedergeschlagen	1. abattu/e	1. depressed, dejected
2. abundar	2. reichlich vorhanden sein ...	2. foisonner	2. to abound
3. actitud (la)	3. Haltung (die)	3. attitude (l')	3. attitude
4. afecto (el)	4. Affekt (der)	4. affection (l')	4. affection
5. asesor/a	5. Assesor (der), -in (die)	5. conseiller/ère	5. adviser
6. atacar	6. angreifen	6. attaquer	6. to attack
7. Bachillerato (el)	7. Reifeprüfung (die) Abitur (das)	7. études secondaires (des) .	7. school-leaving examination
8. compensar	8. ausgleichen, ersetzen	8. compenser	8. to compensate
9. comportamiento (el)	9. Verhalten (das)	9. comportement (le)	9. behaviour
10. confundir	10. verwechseln	10. confondre	10. to confuse
11. consuelo (el)	11. Trost (der)	11. consolation (la)	11. consolation
12. consultorio (el)	12. Beratungsstelle (die)	12. consultation (la)	12. surgery
13. deprimir	13. deprimieren	13. déprimer	13. to depress
14. desconcertar	14. verunsichern	14. déconcerter	14. to upset, worry
15. desprecio (el)	15. Verachtung (die)	15. mépris (le)	15. scorn, contempt
16. encontrarse fatal	16. sich schlecht fühlen	16. se sentir mal	16. to feel terrible
17. humillar	17. erniedrigen	17. humilier	17. humiliate
18. ignorar	18. nicht wissen	18. ignorer	18. not know
19. infalible	19. unfehlbar	19. infaillible	19. infallible
20. ingratitud (la)	20. Undankbarkeit (die)	20. ingratitude (l')	20. ingratitude
21. macho (el)	21. männliches Tier	21. mâle (le)	21. male
22. merece la pena	22. es zahlt sich aus	22. vaut la peine	22. It's worth it
23. payasada (la)	23. Dummheit (die)	23. clownerie (la)	23. clownish trick
24. respetuoso/a	24. respektvoll	24. respectueux/euse	24. respectful
25. revelar	25. enthüllen	25. dévoiler	25. to reveal
26. ridículo (el)	26. lächerlich	26. ridicule (le)	26. ridiculous
27. solución (la)	27. Lösung (die)	27. solution (la)	27. solution
28. tomar el pelo	28. zum Narren halten	28. se moquer	28. to pull (his etc..) leg
29. tontear (con alguien)	29. Dummheiten begehen	29. faire des bêtises	29. to fool about
30. tratar (con alguien)	30. mit jem. verkehren	30. fréquenter (quelqu'un)	30. to deal with
31. volver a las andadas	31. in eine schlechte Gewohnheit zurückfallen....	31. retomber dans les mêmes erreurs	31. to revert to one's old ways .

GLOSARIO VOKABULAR GLOSSAIRE GLOSSARY

ESPAÑOL ALEMÁN FRANCÉS INGLÉS

Unidad 13

ESPAÑOL	ALEMÁN	FRANCÉS	INGLÉS
1. haber cola	1. sich anstellen	1. (il y a) la queue	1. (there's) a queue
2. conferencia (la)	2. Konferenz (die)	2. conférence (la)	2. lecture
3. conservar	3. bewahren	3. conserver	3. to preserve, keep
4. en principio	4. prinzipiell	4. en principe	4. basically
5. entrada (la)	5. Eintritt (der)	5. entrée (l')	5. entry, entrance
6. entrada libre	6. freier Eintritt	6. entrée libre	6. free to get in
7. escenario (el)	7. Bühne (die)	7. scène (la)	7. stage
8. gradas (las)	8. Sitzreihen (die)	8. gradins (les)	8. steps
9. ponerse (al teléfono)	9. an das Telefon kommen	9. répondre (au téléphone)	9. take a call
10. proponer	10. vorschlagen	10. proposer	10. propose
11. ¿qué piensas hacer?	11. Was wirst du tun?	11. que vas-tu faire?	11. What do you intend to do?
12. recital (el)	12. Vortrag (der)	12. récital (le)	12. recital
13. sabor (el)	13. Geschmack (der)	13. goût (le)	13. flavour
14. temporada (la)	14. Saison (die)	14. saison (la)	14. season

Unidad 14

ESPAÑOL	ALEMÁN	FRANCÉS	INGLÉS
1. a favor	1. zugunsten	1. en faveur de	1. in favour
2. actuación (la)	2. Tätigkeit (die)	2. conduite (la)	2. action
3. acudir	3. hinzueilen	3. aller	3. to come
4. angustia (la)	4. Angst (die)	4. angoisse (l')	4. anguish, torment
5. atreverse	5. sich wagen	5. oser	5. to dare to
6. circunstancia (la)	6. Umstand (der)	6. circonstance (la)	6. circumstance
7. compartir	7. teilen	7. partager	7. to share
8. conquistar	8. erobern	8. conquérir	8. conquer, overcome
9. debatir	9. besprechen	9. débattre	9. to debate
10. derecho (el)	10. Recht (das)	10. droit (le)	10. right
11. en contra	11. dagegen	11. contre	11. against
12. ejercitar	12. ausüben	12. exercer	12. to exercise
13. error (el)	13. Irrtum (der)	13. erreur (l')	13. mistake
14. esencial	14. wesentlich	14. essentiel	14. essential
15. exigente	15. anspruchsvoll	15. exigeant	15. demanding
16. hogar (el)	16. Heim (das)	16. foyer (le)	16. home
17. incluso	17. sogar	17. même	17. even
18. intimidad (la)	18. Intimität (die)	18. intimité (l')	18. intimacy, privacy
19. inventar	19. erfinden	19. inventer	19. to invent
20. invitar	20. einladen	20. inviter	20. to invite
21. límite (el)	21. Grenze (die)	21. limite (la)	21. limit
22. madurez (la)	22. Reife (die)	22. maturité (la)	22. maturity
23. maternidad (la)	23. Mutterschaft (die)	23. maternité (la)	23. motherhood
24. matrimonio (el)	24. Ehe (die)	24. mariage (le)	24. marriage
25. motivar	25. motivieren	25. motiver	25. to motivate
26. natalidad (la)	26. Geburtenrate (die)	26. natalité (la)	26. birth rate
27. obligación (la)	27. Verpflichtung (die)	27. obligation (l')	27. obligation
28. ofrecer	28. anbieten	28. offrir	28. to offer
29. plenitud (la)	29. Fülle (die)	29. plénitude (le)	29. abundance
30. prestigioso/a	30. ruhmreich	30. prestigieux/euse	30. prestigious
31. procrear	31. (er) zeugen	31. procréer	31. to procreate
32. ¿qué pasa con?	32. Was ist los mit... ?	32. que se passe-t-il?	32. What's the matter with...?
33. revista (la)	33. Zeitschrift (die)	33. revue (la)	33. magazine
34. tarea (lal)	34. Aufgabe (die)	34. tâche (la)	34. task, job
35. tema (el)	35. Thema (das)	35. thème (le)	35. subject, theme
36. vida privada (la)	36. Privatleben (das)	36. vie privée (la)	36. private life
37. sacrificio (el)	37. Opfer (das)	37. sacrifice (le)	37. sacrifice
38. satisfacción	38. Zufriedenheit (die)	38. satisfaction (la)	38. satisfaction

GLOSARIO VOKABULAR GLOSSAIRE GLOSSARY

ESPAÑOL ALEMÁN FRANCÉS INGLÉS

Unidad 15

ESPAÑOL	ALEMÁN	FRANCÉS	INGLÉS
1. a orillas	1. am Ufer	1. au bord	1. on the banks of
2. ambiente (el)	2. Stimmung (die)	2. ambiance (l')	2. atmosphere
3. asesinato (el)	3. Mord (der)	3. meurtre (le)	3. murder
4. avisar	4. benachrichtigen	4. avertir	4. to warn
5. barco de vapor (ol)	5. Dampfschiff (das)	5. bateau à vapeur (le)	5. steamer
6. borracho/a	6. betrunken	6. ivrogne (l')	6. drunk
7. cúmulo (el)	7. Haufen (der)	7. accumulation (l')	7. pile, accumulation
8. destinado/a	8. bestimmt	8. destiné/e	8. sent, destined
9. devolver	9. zurückgeben	9. rendre	9. send back
10. fastuoso/a	10. prunkvoll	10. somptueux/euse	10. splendid, lavish
11. festejar	11. feiern	11. fêter	11. to feast, entertain
12. forastero/a	12. Fremder (der), -e (die)	12. étranger/ére	12. person from another area
13. gemelos/as	13. Zwillinge	13. jumeaux/elles	13. twins, cufflinks
14. golpe mortal (el)	14. tödlicher Schlag (der)	14. coup mortel	14. fatal blow
15. honra (la)	15. Ehre (die)	15. honneur (l')	15. honour
16. impedir	16. verhindern	16. empêcher	16. to prevent
17. navegable	17. schiffbar	17. navigable	17. navigable
18. obispo (el)	18. Bischof (der)	18. évêque (l')	18. bishop
19. ofensa (la)	19. Beleidigung (die)	19. offense (l')	19. insult
20. precaución (la)	20. Vorsicht (die)	20. précaution (la)	20. precaution
21. retirarse	21. sich zurückziehen	21. se retirer	21. to move back, away
22. responsable (el/la)	22. Verantwortliche (der, die)	22. responsable (le/la)	22. person in charge
23. vengar	23. rächen	23. venger	23. to avenge
24. virgen	24. jungfräulich, unberührt	24. vierge	24. virgin

Clave Libro de Ejercicios

UNIDAD 1

1. Relaciona las preguntas con las respuestas:
1. E,   2. D,   3. B,   4. A,   5. C,   6. F

2. Escribe sobre los gustos de los siguientes personajes:

A Carlos no le gusta nada viajar, le encanta oír música, no le gusta nada ir al cine, le gusta bastante levantarse tarde.

A Rafael le gusta bastante salir de noche, no le gusta nada jugar al fútbol, le encanta viajar, le gusta bastante oír música, ir al cine y levantarse tarde.

etc.

3.
1. Juan lleva viajando por Europa un mes.
2. Mi padre lleva trabajando en esta empresa quince años.
3. Joaquín lleva saliendo con María varios meses.
4. Llevo esperándote media hora.
5. Llevamos llamando a Ana toda la tarde.
6. Antonio y Juanjo llevan viviendo en esta casa quince días.

4.
1. bien	5. tengo	9. me encanta	13. tenía
2. hablarte	6. vivo	10. no me gusta	14. vinimos
3. me llamo	7. casa	11. accidente	15. gustan
4. soy	8. me gustan	12. nací	16. estudiando.

5.
2. Sí, es francesa.
3. Sí, son colombianos.
4. Sí, es italiano.
5. Sí, es alemana.
6. Sí, son españolas.

7. Sí, es griego.
8. Sí, son salvadoreños.
9. Sí, es peruano.
10. Sí, son norteamericanas.

6. A. —¡Hola, Moncho!, ¿qué tal?
  —Bien, ¿y tú?
  B. —Buenos días, ¿cómo está usted?
  —Bien, ¿y usted?

7. Ejercicio libre.

8.
1. no he estado… pasé
2. Empecé… lo dejé… volví a empezar.
3. Nació… se vino… ha vivido.
4. ¿Has probado?, …los comí.

UNIDAD 2

1.
1. tiene	3. tiene	5. estás	7. tienes	9. estoy	11. son
2. es	4. tiene	6. estoy	8. es	10. tienen	12. tienen.

2.
1. ¡Qué va! Es bastante tonto.
2. ¡Qué va! Es antipática.
3. ¡Qué va! Es alta.

4. ¡Qué va! Es tarde.
5. ¡Qué va! Es muy tacaño.
6. ¡Qué va! Está cerrada.

3.
1. Ella es inteligente también.
2. Mi madre es optimista también.
3. La niña es cariñosa también.
4. Las faldas son azules también.
5. Carmen es cariñosa también.

4. 1. optimista, seria, generosa.   3. grosera.
2. tacaña / egoísta.   4. cerrado / tímido.

5. Ejercicio libre.

6. — Pablo es moreno, delgado, calvo y con bigote. Parece nervioso.
— Diego es rubio, con barba. Lleva corbata. Parece que está de malhumor.
— Carlota es alta y delgada. Lleva el pelo muy corto. Es divertida y amable.
— Violeta es bajita, un poco gordita y morena. Lleva unas gafas muy grandes. Es tímida.

UNIDAD 3

1. 2. Sí, tengo que estudiar más.   3. Sí, tengo que limpiarlo.
4. Sí, tiene que comprarse otro.   5. Sí, tengo que comer más.
6. Sí, tenemos que ir al banco.   7. Sí, tengo que cortármelo.

2. 1. Levántate…   3. No te pelees…   5. Lávate las manos…
2. Date prisa…   4. … apágala.   6. Vete a la cama…

3. 1. Échalas al correo   5. Véndala
2. Lávelo   6. Pónganlas en el salón
3. Tíralas a la basura   7. Repartidlo entre los pobres.
4. Pártelas en trocitos

4. 1. No abras la puerta.   5. No cierres la ventana.
2. No hagas los deberes.   6. No lleves este paquete.
3. No traigas eso aquí.   7. No pagues con tarjeta de crédito.
4. No vengas a casa.

5. 2. No hace falta que termines   4. No hace falta que corras tanto.
3. No hace falta que traigas.   5. No hace falta que prepares tantas cosas.

UNIDAD 4

1. 1. a, de   2. en, en   3. a, a   4. De, a   5. a   6. en

2. 1. has aprendido, había, cerraron.
2. venía, se estropeó, he tenido.
3. hiciste, estuve, fuimos, me llamaste, hice, había.

4. 1. A. Oiga, por favor, ¿sabe si hay una droguería por aquí cerca?
B. Bueno, no estoy seguro, creo que sí.
A. ¿No es usted de aquí?
B. Sí, vamos a ver, siga recto y al final de la calle tuerza a la izquierda. No tiene pérdida, está enfrente de la oficina de Correos.
A. Vale, muchas gracias.
B. De nada.

2. A. Perdone, ¿cómo se va a la estación del tren?
B. Pues, lo siento, no soy de aquí. ¿Por qué no pregunta a ese policía?
A. Bueno, de acuerdo.

6. a) boutique e) pescadería i) droguería
b) perfumería f) estanco j) papelería
c) farmacia g) panadería k) droguería
d) supermercado h) frutería

UNIDAD 5

1. 1. Silvia dijo que si aprobaba este examen nos invitaría a cenar.
2. Alberto dijo que se iba a descansar unos días en el campo.
3. Lola dijo que había pasado un día horroroso, todo le había salido mal.
4. Mi primo dijo que conocía muy bien Tarragona, porque había vivido allí mucho tiempo.
5. El padre le dijo al niño que iría con él si le prometía portarse bien.
6. Mi vecina me dijo que era muy vaga, que no le gustaba nada hacer deporte.

2. 1. Oiga, ¿es el cuatro, cuarenta y seis, sesenta y uno, noventa y uno?
2. Oiga, ¿es el dos, cuarenta y cinco, ochenta y nueve, sesenta y uno?
3. Oiga, ¿es el siete, noventa y dos, treinta y cuatro, quince?
4. Oiga, ¿es el tres, cero cero, dieciocho, cincuenta y siete?
5. Oiga, ¿es el sesenta y tres, cuarenta y nueve, cero ocho?
6. Oiga, ¿es el dos, sesenta y uno, cincuenta y cinco, ochenta?

3. 1. Le preguntaron que de dónde era.
2. … (que) qué estudios tenía.
3. … (que) si tenía experiencia en este trabajo.
4. … (que) si sabía conducir
5. … que cuántos idiomas hablaba.
6. … (que) si podía trabajar algún fin de semana.

4. 2. …ha salido elegido
3. …ha ganado nuestro equipo
4. …le ha tocado la lotería.
5. …ha suspendido el examen
6. …ha tenido un accidente.
7. …ha tenido un niño.

5. 1. Victoria Abril dijo que ella no iba contando su vida personal, que contaba la profesional.
2. … le daba muchísimo pudor expresar verbalmente sus sentimientos.
3. … necesitaba admirar a la persona con la que vivía.
4. … enamorarse estabilizaba mucho.
5. … había ido a París, porque había conocido lo único que merecía la pena de todo lo que había visto.

UNIDAD 6

1. 1. No estará en casa.
2. Tendrá fiebre.
3. (Le) habrá pasado algo.
4. Estará enfadado.
5. Tendrá 20 años.
6. Te habrá costado muy caro.

2. 1. Es conveniente que hagas ejercicio.
2. Es indispensable que te quedes en cama dos días.
3. Es necesario que busques otro.
4. Es conveniente que vayas al dentista.
5. Es indispensable que no comas nada durante todo el día.

3. 1. ¡Ojalá me encuentre bien el jueves!
2. ¡Ojalá me salga bien la comida!
3. ¡Ojalá me dé un crédito!
4. ¡Ojalá haya billetes para París!

4. *Transcripción:*
Carlos: Te encuentras mejor ¿no?, tienes muy buena cara.

Alfonso: No creas, he pasado muy mala noche y la herida me sigue doliendo mucho.
Carlos: Pero, ¡hombre anímate!, tienes un aspecto estupendo.
Alfonso: Sí, porque acabo de tomar un calmante, por eso me ves mejor.
Carlos: Bueno, ¿y cuándo vuelves a casa?
Alfonso: No lo sé todavía, el médico me ha dicho esta mañana que quizás pueda irme la semana que viene.
Carlos: Eso ya no es nada. Mira, te he traído un libro que sé que te va a gustar.
Alfonso: Déjame ver, ¿de qué trata?
Carlos: Es una novela sentimental, de las que a ti te gustan, ya verás qué bonita.

1. F   2. V   3. V   4. F   5. F   6. F   7. V

UNIDAD 7

1. 1. Cuando estuve en Toledo, vi el «Entierro del Conde de Orgaz».
2. Cuando tengamos los billetes buscaremos alojamiento.
3. Cuando terminamos de cenar salimos a dar un paseo.
4. Cuando vuelva de viaje, enseñaré las fotos a los amigos.
5. Cuando me haga una foto me sacaré el pasaporte.
6. Cuando voy de viaje me gusta verlo todo.

2. 1. Espero que les guste.   4. Espero que salgan bien las diapositivas.
2. Espero que la comida sea buena.   5. Espero que haga buen tiempo.
3. Espero que duermas bien.

3. 1. de, a, de   2. a, a   3. en, al   4. por   5. de   6. a, por

4. 1. Cuando estoy en casa me gusta oír la radio.
2. Cuando llegué se habían ido.
3. Espero estar en casa antes de las diez.
4. Cuando llegues, llámame por teléfono.
5. Cuando voy a clase cojo el autobús.
6. Cuando me vaya al extranjero os escribiré.
7. Esperamos que vengas a la fiesta de nuestro aniversario.

5. 1. acompañado   5. mañanas   9. trabajo
2. hombre   6. abrir   10. caña
3. caer   7. gente   11. conocidos.
4. luces   8. calle

UNIDAD 8

1. 1. se vende   3. se prohibe   5. se habla
2. se puede   4. se leen, se consultan   6. se alquilan

2. 1. En casi todos los países se lee poco.
2. En las grandes editoriales se hacen traducciones a todos los idiomas.
3. En los museos se pueden ver importantes obras de arte.
4. Para ir a La Coruña se coge la N-IV.
5. Desde esta torre se ve toda la ciudad.

3. más,   más,   mejor,   menos.
igual,   más,   peor.

4. 1. ha estado, es, está, es, es.
2. está, está. Es. es, está.
3. Estás, estoy, estás, es, estás, está.

UNIDAD 9

1. 1. ¡Qué raro que / Me extraña que Mercedes no coja el teléfono!
2. ¡Qué raro que / Me extraña que Julia no sepa nada!
3. ¡Qué raro que / Me extraña que sean amigas!
4. ¡Qué raro que / Me extraña que tenga que irse!
5. ¡Qué raro que / Me extraña que no tome nada hoy!

2. 1. —¡Qué raro que Carmen no haya escrito!
   —A lo mejor ha escrito, pero la carta se ha perdido.
2. —¡Qué raro que Manolo no haya vuelto a casa!
   —A lo mejor ha vuelto, pero no lo hemos visto.
3. —¡Qué raro que Ana no me haya esperado!
   —A lo mejor ha esperado, pero ya se ha ido.
4. —¡Qué raro que no haya venido esta tarde!
   —A lo mejor ha venido, pero no estábamos en casa.

3. 1. Es una fiesta muy divertida, ¡qué pena que no puedas venir!
2. Es muy guapo, ¡qué pena que no sea más alto!
3. Vamos el domingo todos los amigos, ¡qué pena que no puedas venir!
4. Vale mucho, ¡qué pena que no estudie una carrera!

4. 1. Quiero una calle que no tenga ruidos.
2. Quiero un trabajo que sea interesante.
3. Quiero un vino que esté frío.
4. Quiero un hotel que tenga aparcamiento.
5. Quiero un piso que tenga tres dormitorios.
6. Quiero otro que sea más barato.

5. *Transcripción:*

1. El del pantalón blanco que está hablando con la chica de rojo, ¿es Sebastián?
   No, hombre, es su hermano Quique.

2. ¿Quién es aquella chica de amarillo?
   ¿Cuál? ¿La que está tomando una copa de jerez?
   Sí, esa.
   Es Amparo, la cuñada de Toni.

3. ¿Y aquel tan moderno, el que lleva una cazadora de cuero?
   Ése es Moncho, el primo de Lola. Qué guapo es, ¿verdad?

   1. F   2. V   3. F   4. V   5. F

UNIDAD 10

1. 1. cuál, cuál   2. Qué, qué   3. cuál   4. Qué   5. Qué

2. A. vayáis, tiene   B. éramos
   A. necesitaban, buscara   A. lleváramos, hiciéramos
   A. hablaría, podía   A. llamaría

3. 1. La señora López le dijo a su marido que estaba muy cansada y que necesitaba cambiar, y su marido le dijo que no era fácil encontrar un trabajo nuevo, pero que leyera los anuncios; a lo mejor veía algo interesante.

2. Luisa le preguntó a Cecilia si había hecho ella la tarta, pues estaba buenísima y le dijo que tenía que darle la receta. Cecilia le respondió que no la tenía, pero que no se preocupara, que se la pediría a su hermana.

3. Antonio le preguntó a Angelines si esa chica era hermana de María, porque se parecían muchísimo. Angelines le contestó que no tenía ni idea, que no fuera tímido, que hablara con ella y que se lo preguntara.

4. Mª Jesús le preguntó a Javier si iba a salir, y Javier le contestó que sí, que tenía que ir a la oficina, pues el trabajo estaba muy atrasado. María Jesús le pidió que le trajera el periódico, entonces Javier le dijo que bien, pero que no volvería hasta la tarde, y María Jesús le dijo que lo dejara, que lo compraría ella.

4. 1. Beatriz dijo que llamara a unos pintores profesionales.
2. Que pusieran enchufes en todas las habitaciones.
3. Que le hiciera un presupuesto.
4. Que colocaran el tresillo en el salón.

UNIDAD 11

1. 1. ¿te importa traerme un vaso de agua?
2. ¿te importa poner el aire acondicionado?
3. ¿te importa llevarla al hospital?
4. ¿te importa darme folletos de viaje?
5. ¿te importa ir a buscarlos?
6. ¿te importa darme información?

2. 1. que use   2. que encienda   3. volver   4. prestarme   5. que cierre   6. darme

3. A. lo, lo, me lo.
B. telo, me lo, me lo, le, se lo, lo.
A. te, te lo, las.

4. 1. para que… sea.
2. para enterarme
3. para encontrar
4. para que no pongan
5. para que se vaya
6. para exprimir
7. para que funcione
8. para que vaya
9. para comprar

5. 1. con tarjeta
2. a plazos
3. al contado
4. rebajas, en oferta
5. muy bien de precio.

6. *Transcripción:*

Vendedor: ¡Buenos días, ¿qué desean?
María: Queremos ver algo de ropa para mi marido.
Vededor: Usted dirá.
María: Pues un par de camisas, unos pantalones, una chaqueta y una corbata.
Juan: ¿Una corbata?, pero si yo nunca llevo corbata.
María: Te conviene tener alguna. ¿Le importa enseñarnos algunas que sean modernas?
Vendedor: Claro que sí, no faltaba más. ¿Qué les parecen éstas?
Juan: No me gustan nada. Son horribles.
María: Mira, ésta es bonita y te va bien con el traje.
Juan: Bueno… no está mal, nos la llevamos. Ahora, ¿podríamos ver alguna camisa?
Vendedor: Sí, aquí tienen, éstas valen 5.500 y éstas 7.000.
Juan: A mí me gusta ésta, y a ti?
María: A mí, también.
Juan: ¿Puedo probármela?
Vendedor: Sí, claro. Allí está el probador.

7. *Transcripción:*

1. Claro que no, tome, tome.
2. Claro que sí, ahora mismo.
3. Sí, claro, no faltaba más.
4. No, bájala.
5. Sí, claro, ahora mismo.

8. *Transcripción:*

1. ¿Te importa que apague la radio?
2. ¿Te importa que salga un poco antes hoy?
3. ¿Te importa que haga unas fotocopias?
4. ¿Te importa que me siente aquí?
5. ¿Te importa que pase un momento?

UNIDAD 12

1.

tú	él	ellos
fueras	fuera	fueran
dijeras	dijera	dijeran
pusieras	pusiera	pusieran
pudieras	pudiera	pudieran
hicieras	hiciera	hicieran
tuvieras	tuviera	tuvieran

2.
1. viajaría
2. vinieras
3. compraría
4. fuera
5. regalaría
6. saliéramos
7. me pondría
8. cogería

3.
1. No, no creo que vayamos.
2. No, no creo que tenga ninguno.
3. No, no creo que sea el domingo.
4. No, no creo que apruebe.
5. Sí, creo que vendrá pronto.

---

1. Sí, creo que iremos.
2. Sí, creo que tiene alguno.
3. Sí, creo que será el domingo.
4. Sí, creo que aprobará.
5. Sí, creo que vendrá pronto.

4.
1. iría a la piscina.
2. estaría más sano.
3. te enseñaría los bonsais.
4. aprendería otra profesión.
5. se casaría con un millonario.

5.
1. que leyeras más.
2. me llamaras por teléfono más a menudo.
3. lloviera hoy.
4. te compraras otra blusa.
5. vinieras a clase normalmente.

6.
1. Si Luis fuera más inteligente, no le pasarían estas cosas.
2. Si tú trabajaras menos, tendrías más tiempo para pescar.
3. Si estudiaras más, aprobarías todas las asignaturas.
4. Si tuvieras más cuidado, no te caerías.
5. Si no comieras tanto, no estarías tan gordo.

7.
1. me deprimen
2. levantarte el ánimo
3. en tu lugar
4. Merece la pena
5. toma el pelo

UNIDAD 13

1.
1. En cuanto llegue a casa, pondré música.
2. En cuanto tenga tiempo, me matricularé en un curso de Arqueología.

3. En cuanto Tomás tenga dinero, se lo gastará.
4. En cuanto pueda, me iré a vivir sola.
5. En cuanto mis primos lleguen de viaje, iremos a verlos.
6. Araceli, en cuanto recibió mi carta, me contestó.
7. En cuanto acabaron las noticias, empezó el coloquio.
8. En cuanto sepa su dirección, escribiré a Beatriz.

2. 1. ¿Quieres que te acompañe?   4. ¿Quieres que la ponga yo?
2. ¿Quieres que vaya yo?   5. ¿Quieres que te ayude?
3. ¿Quieres que te preste el mío?

3. 1. me llame   3. riego/he regado   5. me parece
2. tiene/tenga   4. haga   6. me den

4. 1. ¿Qué piensas hacer este verano?
2. ¿Qué piensas comprar para tu casa nueva?
3. ¿Qué piensas regalarme?
4. ¿Qué piensas preparar hoy de comida?

5. 1. Aunque ha estudiado mucho, no ha aprobado.
2. Te he traído un libro para que lo leas.
3. En cuanto llegué a casa, sonó el teléfono.
4. Aunque no trabaja nada, está siempre cansado.
5. En cuanto llegue el domingo, iré a verte.
6. El domingo iré a la piscina, aunque haya mucha gente.
7. El Ayuntamiento ha comprado este solar para construir una escuela.

6. 1. ¿Quieres que la eche yo?
2. ¿Quieres que lo escriba yo?
3. ¿Quieres que las haga yo?
4. ¿Quieres que la lave yo?
5. ¿Quieres que las saque yo?
6. ¿Quieres que vaya yo?

7. 1. En cuanto tenga tiempo, te escribiré.
2. En cuanto vea a Juan, se lo diré.
3. En cuanto venga, te llamaré.
4. En cuanto tenga dinero, te lo compraré.
5. En cuanto sea de noche, saldré.

UNIDAD 14

1. 1. Pero   5. Ya que
2. Por supuesto   6. Sin embargo
3. Además   7. Por una parte, por otra
4. incluso

2. 1. madurez   5. responsabilidad
2. solidez   6. natalidad
3. capacidad   7. maternidad
4. participación

3. 1. desunión   5. incapacidad
2. inmadurez   6. desesperanzado
3. inseguridad   7. ilógico
4. irresponsabilidad

4. EJERCICIO LIBRE

5.
1. en busca de…
2. tienen la obligación de…
3. Tiene derecho a…
4. Tiene razones para…
5. hacer frente a …
6. a partes iguales…
7. es esencial para…
8. por obligación…

6. *Transcripción:*

Antonio: ¿Qué harás el próximo fin de semana?
Juan: Iré a la sierra con un grupo de amigos.

María: Mañana voy a trabajar más tarde, tengo que ir al banco.
Luisa: No te preocupes, yo se lo diré al jefe.

Luis: ¿Cuándo te marchas?
Pedro: La semana que viene.

Carmen: El fin de semana pasado estuve en Salamanca, me ha gustado muchísimo.
Lola: Yo tengo muchas ganas de ir, no la conozco.

1. V   2. V   3. F   4. F   5. V

UNIDAD 15

1.
1. ha llegado, vine, llegaba/llegaría
2. gustó, eran, era, me pareció.
3. conocí, vivía, me fui, encontré, vino, trabajaba.
4. iba, tuvo, pasó, dolía, han hecho.
5. bajaba, compró, leyó, desayunaba, vio, sucedía.
6. llegué, di, conocían, había dicho.
7. hablé, dijo, llegaría/llegaba, terminaba/había terminado.

2. *Transcripción:*

Maribel: Pedro, ¿tú crees que las amas de casa deben cobrar un sueldo?
Pedro: Hombre, yo creo que sí. Realizan un trabajo importante, no sólo para la familia, sino para toda la sociedad.
Maribel: Yo no estoy de acuerdo contigo. En primer lugar, el trabajo de la casa pueden hacerlo todos los que viven en ella. En segundo lugar, si las pagaran, muchas mujeres no se prepararían para otros trabajos y se quedarían encerradas en casa. Además, el trabajo de ama de casa es aburrido y poco satisfactorio.
Pedro: Sin embargo, a muchas mujeres les gusta ese trabajo.
Maribel: Sí, es verdad, pero, ¿quién tiene que pagar el sueldo?
Pedro: Ah, ése es otro problema que habría que discutir.

1. haría el próximo fin de semana y Juan respondió que iría a la sierra con un grupo de amigos.

2. iba/iría a trabajar más tarde, que tenía que ir al banco y Luisa le respondió que no se preocupara, que se lo diría al jefe.

3. Luis preguntó que cuándo se marchaba y Pedro le respondió que la semana que viene.

4. Carmen dijo que el fin de semana anterior había estado en Salamanca y le había gustado muchísimo, y Lola le dijo que ella tenía ganas de ir, que no la conocía.

3. cogí, fui, había, invadía. Paré, entré, estaba. estaba, estaba.
Salí, encontré, parecía, pregunté, contestó.

Clave de «Has aprendido a...»

En este nivel de aprendizaje el alumno está ya capacitado para dar soluciones diversas. Esta clave sólo pretende sugerir algunas posibilidades de acuerdo con la ilustración propuesta.

UNIDAD 1.

1. ¿Te gustan los niños?
   Sí, me encantan.

2. ¿Cuánto tiempo llevas esperando?
   3 horas.

UNIDAD 2.

1. Estoy aburrido/harto/enfadado.

2. ¿Qué piensa Vd. de los toros?
   Yo creo que es una crueldad.

UNIDAD 3.

1. Niño, tienes que levantarte, ya son las 7.

2. Parta el pollo, añada sal...

UNIDAD 4.

1. ¿Está lejos la ciudad más próxima?
   No sé, estará a unos 5 kilómetros.

2. ¿Por qué no vamos a...?

UNIDAD 5.

1. Voy a tener un hijo.
   María me dijo que iba a tener un hijo.

2. ¿Sabes que ha habido un terremoto en Irán?

UNIDAD 6.

1. ¿Qué te duele?

2. ¡Ojalá me llame Lupita!

UNIDAD 7.

1. ¡No hay derecho! ¡No puede ser!
   ¡Ya está bien!
2. Espero que no llueva.

UNIDAD 8.

1. No es tan bueno como el otro.
   Es peor que aquél.
2. He ganado una copa.
   Me alegro por ti.

UNIDAD 9.

1. ¿Quién es aquél que tiene una copa en la mano?
2. ¡Qué raro que no haya llegado todavía!

UNIDAD 10.

1. ¿Cuál te gusta más?
2. Me dijo que me callara.

UNIDAD 11.

1. ¿Le importa que abra la ventana?
2. ¿Les importa bajar la música?

UNIDAD 12.

1. Creo que es muy inteligente.
2. Yo, en tu lugar, compraría/regalaría...

UNIDAD 13.

1. ¿Quieres que te ayude?
   No hace falta, gracias.
2. ¿Qué piensas hacer?
   Voy a esquiar.

UNIDAD 14.

1. Por una parte, la energía nuclear es beneficiosa;
   por otra parte, es peligrosa.
2. Buenos días, don Fernando

UNIDAD 15.

1. Al final, el chico salvó a la chica y se quedó con ella.